DELF 프랑스어 문법연구

DELF 프랑스어 문법연구

발행   2021년 01월 31일

저자   김진수
발행인 이재명
발행처 삼지사

등록번호 제406-2011-000021호
주소   경기도 파주시 산남로 47-10
Tel   031)948-4502, 948-4564
Fax   031)948-4508

책값은 뒤표지에 있습니다.

이 책의 내용을 사전 허가없이 전재하거나 복제할 경우 법적인 제재를
받게 됨을 알려드립니다.
잘못된 책은 구입하신 서점에서 교환해 드립니다.

DELF 프랑스어 문법연구

SAMJI BOOKS

머리말

프랑스어를 공부하는 사람들은 모두 문법이 어렵다고 합니다. 그래서 실타래처럼 얽혀있는 문장들은 사전을 가지고 애써도 구문파악이 어려웠던 기억에 대해 말합니다. 누구는 접속법이 제일 어렵고 누구는 en, y 같은 대명사의 사용이, 또 다른 사람은 lui, leur가 다른 대명사와 같이 사용될 때의 어순이 어렵다고 합니다. 관사나 대명사도 마찬가지 입니다. 과거분사의 일치는 말 할 것도 없고요.

그래서 이 책 『DELF 프랑스어 문법연구』는 프랑스어 문법에 쉽게 접근할 수 있도록 만들게 되었습니다. 도서출판 삼지사(三志社)에서 이전에 낸 『프랑스어 문법』, 『커뮤니케이션 프랑스어』, 『프랑스어 문장연습』 등에서도 문법에 관해 설명하고 많은 독자들의 피드백을 받아 왔습니다.

그래서 이번에는 보다 간결하고 명쾌한 설명을 시도했습니다. 우선 기본적인 문법 사항에 대해 설명하고 문제를 풀며 다시 반복해 보고 마지막으로 기출문제도 다뤄보았습니다.

프랑스어 인증시험 DELF 응시자는 매년 늘고 있고 프랑스어 학습자들 가운데 DELF에 관한 관심도 높아지고 있습니다. 이 책이 DELF를 체계적으로 준비하는 도구 역할을 충분히 하기를 기대하며 아울러 프랑스어를 공부하는 일반인에게도 좋은 길잡이가 되었으면 좋겠습니다.

2012년 겨울
정릉 연구실에서
김 진 수

차례

01 부정문 _8
- ne~pas 부정문 _8
- ne ~ pas 외의 부정문 _10
- 다른 부정의 문형 _14

02 의문문 _17
- 단순 의문문 _17
- qui, que, quoi와 함께 하는 의문문 _19
- quand, où, combien, pourquoi, comment, quel, lequel _20
- 간접의문문 _22

03 대명동사 _26

04 시제 _31
- 현재 _31
- 미래 _34
- 반과거 _37
- 복합과거 _39
- 반과거와 복합과거 _42
- 대과거 _44

05 que가 이끄는 절 _49
- que + 직설법 _49
- 시제의 일치 _50

06 접속법 _55
- 접속법의 형태 _55
- 접속법의 용법 _56

07 조건법 _63
- 조건법의 형태 _63
- 조건법의 용법 _64

08 명령형 _67
- 명령형의 형태 _67
- 명령형의 용법 _68

09 현재 분사와 과거 분사 _72
- 현재분사 _72
- 과거분사 _74

10 주요 동사들 _81
- savoir / connaître _81
- pouvoir + 동사원형 _83
- falloir / devoir _84
- faire / laisser + 동사원형 _86

11 명사 _90
- 명사 앞 한정사 _90
- 단수와 복수 _92

12 관사 _97
- 정관사 _97
- 부정관사 _99
- 부분관사 _100
- 부정에서의 관사 _102
- 관사의 생략 _104

13 소유형 _108
- 소유형용사 _108
- 소유대명사 _110
- 소유를 나타내는 방법 _112

14 지시사 _116
- 지시형용사 _116
- 지시대명사 _118

15 부정사와 수량의 표현 _122
- 부정대명사 _122
- 부정대명사, 부정형용사 _125
- 수량의 표현 _129

16 품질형용사 _133
- 여성형의 형태 _133
- 형용사의 복수형 _135
- 형용사의 위치 _136

17 인칭대명사 _140
- 주어인칭명사 _140
- 강세형 대명사 _141
- 3인칭 인칭대명사 soi _141
- en 대명사 _143
- 간접목적어 대명사 le, la, les _145
- 직접목적어 대명사 me, te, nous, vous, se _149
- y 대명사 _150
- 직접/간접 목적어 대명사의 위치 _151

18 관계대명사 _157
- qui / que _157
- où _160
- 전치사 + qui / lequel _162
- dont _164

19 전치사 _167
- à / de _167
- 공간의 위치 정하기 _169
- 다른 전치사들 _172

20 원인과 결과 _178
- 원인 _178
- 결과 _180

21 목적, 대립, 조건 _184
- 목적 _184
- 대립 _186
- 조건 _188

22 비교 _193
- 비교급 _193
- 최상급 _198
- bon과 bien의 비교급과 최상급 _199

01 부정문

1 ne, pas를 이용한 부정

≪Ne≫ + 동사 + ≪pas≫

- Dans une bibliothèque, on **ne** parle **pas** avec ses voisins.
  도서관에서는 옆 사람들과 말하지 않는다.

- Aujourd'hui je **n'**ai **pas** faim. Je **ne** déjeunerai **pas**.
  오늘 난 배고프지 않다. 점심을 먹지 않겠다.

모음이나 무음 h 앞에서 ne는 n가 된다. 회화체에서는 흔히 ne가 발음되지 않기도 한다.

- J'ai pas faim !
  나는 배고프지 않아 !

- Je n'aime pas le vin blanc.
  나는 백포도주를 좋아하지 않는다.

- Pierre n'habite pas chez ses parents.
  삐에르는 부모님 집에서 살지 않는다.

부정을 강조할 때 pas du tout를 사용한다.

- Je n'aime pas du tout ce film.
  나는 이 영화를 전혀 좋아하지 않는다.

부정문에서 주의할 것

1 복합시제에서 pas는 조동사와 과거분사 사이에 놓인다.

Ne + 조동사 + pas + 과거분사

- Je n'ai pas lu ce livre.
  나는 이 책을 읽지 않았다.

- Il n'est pas monté en haut de la Tour Eiffel.
  그는 에펠탑 위쪽에 오르지 않았다.

2 부정관사와 부분관사가 **pas de**가 되는 경우

- Avez-vous une voiture ? Non, je n'ai pas de voiture.
  차 한 대 있나요? 아뇨, 저는 차가 없습니다.

- Voulez-vous du café ? Non, je ne prends pas de café.
  커피 원하세요? 아뇨, 저는 커피 안 마셔요.

- Est-ce qu'il y avait des cerises au marché? Non, il n'y avait pas de cerises.
  시장에 체리 있었나요? 아뇨, 체리 없었습니다.

3 목적어인 인칭대명사는 **ne** 다음에 놓인다.

- Ma voisine, je ne la rencontre pas souvent.
  내 이웃 여인, 나는 그녀를 자주 만나지 못한다.

연습문제

1 Mettez les phrases à la forme négative.

① Elle lit le journal.
   Elle a lu le journal.
② Je comprends votre question.
   J'ai compris votre question.
③ Tu fais tes exercices.
   Tu as fait tes exercices

정답 다음 문장을 부정으로 만드시오.
① Elle ne lit pas le journal. 그녀는 신문을 읽지 않는다.
   Elle n'a pas lu le journal. 그녀는 신문을 읽지 않았다.
② Je ne comprends pas. 나는 이해 못한다.
   Je n'ai pas compris. 나는 이해 못했다.
③ Tu ne fais pas. 너는 안한다.
   Tu n'as pas fait. 너는 안했다.

2 Mettez les phrases à la forme négative (attention à la modification de l'article)

① Ils ont un cahier.
② Elle connaît des chanteurs français.
③ Il prendra du vin.

정답 다음 문장을 부정으로 만드시오.(관사의 변화에 주의하시오.)
① Ils n'ont pas de cahier. 그들은 노트가 없다.
② Elle ne connaît pas de chanteurs français. 그녀는 프랑스 가수들을 모른다.
③ Il ne prendra pas de vin. 그는 포도주를 마시지 않을 것이다.

2　ne ~ pas 이외의 부정문

▌Ne ... pas encore : 아직 ~ 않는다

1 Le petit Pierre a un an. Il ne parle pas encore.(mais il parlera bientôt)
아기 삐에르는 한 살이다. 아직 말을 못한다. (하지만 곧 말할 것이다)

□ On peut partir? Non, je ne suis pas encore prêt.(mais je serai prêt dans quelques minutes)
이제 우리 떠날 수 있나? 아니. 아직 나는 준비가 되지 않았다. (하지만 몇 분 있으면 준비가 된다)

□ En mars, les arbres n'ont pas encore de feuilles.
3월에 나무는 아직 잎이 없다.

> 주의　Les arbres n'ont pas encore des feuilles. (×)

2 ≪déjà≫를 이용해 물으면 이에 대한 부정의 대답은 ≪pas encore≫로 한다.

□ Marielle est déjà partie? Non, elle n'est pas encore partie.(mais elle va bientôt partir)
마리엘은 이미 떠났나요? 아뇨. 그녀는 아직 떠나지 않았어요. (하지만 곧 떠날 겁니다)

▌Ne ... plus : 더 이상 ~ 않다

1 Je ne fume plus. (avant je fumais, maintenant j'ai arrêté de fumer)
나는 더 이상 담배 피우지 않는다. (전에는 피웠지만 끊었다.)

2 Tu habites <u>encore</u> rue Blanche? Non, je n'y habite plus, j'ai déménagé il y a trois mois.
너는 아직 블랑슈 가(街)에 사니? 아니. 더 이상 거기 살지 않아. 석 달 전에 이사 했어.

다음과 같이 toujours를 써서 말할 수도 있다.

Tu habites toujours rue Blanche?　(toujours = encore)
Non, je n'y habite plus.

□ Est-ce qu'il y a <u>encore</u> des billets pour le festival de danse? Non, il n'y en a plus.
무용축제 티켓 아직 있나요? 더 이상 티켓 없습니다.

Ne ... jamais (= pas une seule fois) : 전혀, 단 한번도

- Je ne suis jamais monté dans un hélicoptère.
  나는 단 한 번도 헬리콥터를 타본 일이 없다.

- Il ne boit jamais de café.
  그는 전혀 커피를 마시지 않는다.

1 '자주, 이따금, 늘, 이미'를 뜻하는 ≪souvent, quelquefois, toujours, déjà≫와 같이 물었을 때 완전한 부정으로 답하려면 ≪ne ... jamais≫로 답한다.

- Tu vas souvent / quelquefois au théâtre? Non, je n'y vais jamais.
  너는 자주 / 이따금 극장에 가니? 아니, 전혀 안 가.

- Tu vas toujours en voiture au bureau? Non, je n'y vais jamais en voiture, j'y vais en métro.
  너는 늘 차로 출근하니? 아니, 차타고 가는 일은 전혀 없어. 늘 지하철을 타고 가.

- Vous êtes déjà allé au Carnaval de Rio? Non, je n'y suis jamais allé.
  이미 리오 카니발에 가보셨나요? 아니오, 전혀 가지 못했습니다.

부정문의 어순	
단순 시제	복합시제
ne + 동사 + pas	ne + 조동사 + pas + 과거분사
pas encore	pas encore
plus	plus
jamais	jamais

Ne ... pas ... ni / ne ... ni ... ni : 두 가지 이상의 부정

1 두 가지 이상을 부정할 때 ≪ne ... pas ... ni≫ 또는 ≪ne ... ni ... ni≫를 사용한다.

- Je ne connais pas Rome, ni Venise.
  나는 로마도 베니스도 모른다.
  = Je ne connais ni Rome, ni Venise.(= je ne connais pas Rome et je ne connais pas Venise.)

- Je n'aime pas le cognac ni le porto
  나는 코냑도 포르토 와인도 좋아하지 않는다.

주의 Je n'aime pas le cognac et le porto. (×)

Ne ... personne (《quelqu'un》의 부정) 아무도
Ne ... rien (《quelque chose》의 부정) 어느 것도, 전혀
Ne ... aucun(e) 어느 것도 (= pas un(e) seul(e))

☐ Il n'y a personne dans cette salle de classe.
　이 교실에 아무도 없다.

☐ Il fait très sombre. Je ne vois rien.
　너무 어둡다. 나는 아무 것도 보지 못한다.

☐ Il n'y a aucun restaurant dans cette rue.
　이 길에 식당이 단 하나도 없다.

Ne ... que : ~뿐

1 부정의 뜻이 아니고 《Ne ... que》는 '다만, 뿐' 《seulement》이라는 의미이다.

☐ Je ne peux pas acheter ces chaussures ; je n'ai que 15€ sur moi.
　나는 이 신발을 살 수 없다. 15유로 만 갖고 있을 뿐이다.

☐ Ce musée n'est ouvert que l'après-midi.
　이 박물관은 오후에만 연다.

2 《n'avoir qu'à》는 '~하기만 하면 된다'라는 충고를 할 때 사용된다.

☐ Tu as sommeil? Tu n'as qu'à aller te coucher!
　졸립니? 가서 자기만 하면 돼.

☐ Vous avez mal à l'estomac? Vous n'avez qu'à aller voir un médecin.
　위가 아픈가요? 의사를 만나러 가기만 하면 됩니다.

연습문제

3 Ecrivez à la forme négative
　Employez <ne ... pas encore>.
　① Alban est déjà là.
　② J'ai déjà payé mon loyer.
　③ Nous avons déjà visité le Louvre.

정답 다음 문장을 부정으로 만드시오.
① Alban n'est pas encore là. 알방은 아직 오지 않았다.
② Je n'ai pas encore payé mon loyer. 나는 월세를 아직 내지 않았다.
③ Nous n'avons pas encore visité le Louvre. 우리는 아직 루브르에 가보지 않았다.

4 Employez <ne ... plus>.

① Il pleut encore.
② Aurélien a encore du vin dans son verre.
③ Il y a encore de la mousse au chocolat.

> **정답** 〈ne ... plus〉를 이용하시오.
> ① Il ne pleut plus. 더 이상 비오지 않는다.
> ② Aurélien n'a plus de vin dans son verre. 오렐리엥은 잔에 더 이상 와인이 없다.
> ③ Il n'y a plus de mousse au chocolat. 초코 무스가 더 이상 없다.

5 Employez <ne ... jamais>.

① Elle fait souvent des fautes d'orthographe.
② Dans ma rue, après 22h, il y a du bruit.
③ M. Martin va toujours à son bureau en voiture.

> **정답** 〈ne ... jamais〉를 이용하시오.
> ① Elle ne fait jamais de fautes d'orthographe. 그녀는 철자 오류를 범하는 일이 전혀 없다.
> ② Dans ma rue, après 22h, il n'y a jamais de bruit. 밤10시 이후 내가 사는 길에 소음이 전혀 없다.
> ③ M. Martin ne va jamais à son bureau en voiture. 마르땡 씨는 사무실에 차로 가는 일이 전혀 없다.

6 Répondez avec <ne .... rien / personne>.

Ex. Est-ce que vous connaissez quelqu'un ici?
    Non, je ne connais personne.

① Est-ce que tu manges quelque chose le matin?
② Est-ce qu'il y a quelqu'un au guichet 4?
③ Dans ce paquet de lettres, est-ce qu'il y a quelque chose pour moi?

> **정답** 〈ne .... rien / personne〉로 답해 보시오.
> [보기] 여기 누군가를 아세요? → 아뇨, 아무도 모릅니다.
> ① Non, je ne mange rien le matin. 아뇨, 아침에 아무 것도 안 먹습니다.
> ② Non, il n'y a personne au guichet 4? 아뇨, 4번 창구에 아무도 없습니다.
> ③ Non, il n'y a rien pour vous. 아뇨, 당신 것은 아무 것도 없습니다.

7 Écrivez les formes qui conviennent : <ne ... pas> ou <ne ... que>.

① Pour les jeunes de moins de 26 ans, le voyage ... coûte ... 45€. Ce ... est ... cher!
② Dans cette cafétéria, on ... vend ... d'alcool!
   Il ... y a ... des boissons non alcoolisées.
③ Tu peux dormir encore! il ... est ... 6h du matin.

> **정답** 〈ne ... pas〉 또는 〈ne ... que〉 가운데 알맞은 형태로 써보시오.
> ① Pour les jeunes de moins de 26 ans, le voyage ne coûte que 45€. Ce n'est pas cher!
>   26세 미만 젊은이는 여비가 45유로만 든다. 비싸지 않다.
> ② Dans cette cafétéria, on ne vend pas d'alcool! Il n'y a que des boissons non alcoolisées.
>   이 카페테리아에서는 술을 팔지 않는다. 무알콜 음료만 있다.
> ③ Tu peux dormir encore! il n'est que 6h du matin.
>   더 자도 된다. 오전 6시일뿐이다.

8 Remplacez <seulement> par <ne ... que>.
Ex. Il est seulement trois heures. ➜ Il n'est que trois heures.

① Florence a seulement dix ans.
② Elle a seulement une soeur.
③ Il y a seulement une fenêtre dans sa chambre.

> **정답** 〈seulement〉을 〈ne ... que〉로 대치해 보시오.
> [보기] 지금은 단지 3시다. → 지금은 3시일뿐이다.
> ① Florence n' a que dix ans. 플로랑스는 10살일 뿐이다.
> ② Elle n'a qu'une soeur. 그녀는 누이가 하나뿐이다.
> ③ Il n'y a qu'une fenêtre dans sa chambre. 이 방에는 창이 하나뿐이다.

3 다른 유형의 부정문

■ 동사 없는 부정문

1 부정문 다음에 사용하는 ≪non plus≫

- Il ne boit jamais d'alcool, moi non plus. (comme lui, je ne bois jamais d'alcool)
  그는 술을 전혀 마시지 않는다. 나도 안 마신다.

- Monsieur Durand n'aime pas voyager, sa femme non plus.
  뒤랑 씨는 여행을 좋아하지 않고, 그의 아내도 좋아하지 않는다.

2 의문문 다음에 사용하는 ≪Pas moi/pas nous≫

- Tu as fini ton travail? Pas moi! (= je n'ai pas fini mon travail)
  넌 일 끝냈니? 난 아니야.

- Vous avez un chien? Pas nous.
  개가 있나요? 우리는 없어요.

■ 동사원형을 이용한 부정문

1 ≪ne pas≫ / ≪ne plus≫ / ≪ne jamais≫ + 동사원형

- Je regrette de ne pas <u>venir</u> à la fête ce soir.
  오늘 저녁 파티에 못 가서 유감이다.

- C'est difficile de ne plus <u>fumer</u>.
  담배를 끊기 어렵다.

'금지'를 나타낼 때 이 구문을 자주 사용한다.

- Ne pas <u>stationner</u> sur le trottoir.
  인도 주차 금지

- Ne jamais <u>gêner</u> la fermeture automatique des portes.
  문이 자동으로 닫히는 것을 방해하지 마시오.

연습문제

9 Complétez en employant ‹pas moi› ou ‹moi non plus›.
  ① Vous aimez les escargots? …
  ② Il n'a jamais pris le Concorde. …
  ③ Ils vont à la fête de l'école. …

  정답 ‹pas moi› 또는 ‹moi non plus›를 이용해 문장을 완성시키시오.
  ① Pas moi. 나는 달팽이를 좋아하지 않습니다.
  ② Moi non plus. 나도 콩코드 쪽으로 간 일이 없습니다.
  ③ Moi aussi. 나도 학교 축제에 갑니다.

10 Mettez les phases à la forme négative.
  ① La banque est déjà fermée.
  ② Il arrive souvent en retard.
  ③ Marie est encore malade.

  정답 다음 문장을 부정으로 만드시오.
  ① La banque n'est pas encore fermée. 은행은 아직 닫지 않았다.
  ② Il n'arrive pas souvent en retard. / Il n'arrive jamais en retard. 그는 자주/전혀 늦지 않는다.
  ③ Marie n'est plus malade. 마리는 더 이상 아프지 않다

11 Répondez négativement aux questions.
  Ex. Dans la vie, qu'est-ce que vous n'aimez pas? → Je n'aime pas la musique classique, me lever tôt, etc.
  Et vous? - Qu'est-ce que vous n'aimez pas?
  - Qu'est-ce que vous n'avez jamais fait?
  - Qu'est-ce que vous n'achetez jamais?

  정답 다음 질문에 부정으로 답해보시오.
  [보기] 살면서 무엇을 싫어하나요? 고전음악, 일찍 일어나기 등
  Je n'aime pas me lever tôt. 나는 일찍 일어나는 것을 싫어한다.
  Je n'ai jamais fait de musique classique. 나는 클래식 음악을 해본 일이 없다.
  Je n'achète jamais de bonbons. 나는 사탕을 사는 일이 없다.

12 Donnez des conseils en employant ‹n'avoir qu'à›.
  Ex. À quelqu'un qui veut maigrir. → Vous n'avez qu'à manger des légumes et des fruits.
  ① À quelqu'un qui veut apprendre une langue étrangère.
  ② À quelqu'un qui veut rencontrer des gens de son âge.

③ À quelqu'un qui ne sait pas où partir en vacances.

> **정답** 〈n'avoir qu'à〉를 이용해 조언해 보시오.
> [보기] 살빼려는 사람에게 ➡ 야채와 과일만 드시면 됩니다.
> ① Vous n'avez qu'à aller vivre un an dans le pays. 그 나라에 가서 1년만 살면 됩니다.
> ② Tu n'as qu'à t'inscrire à un club de sport. 스포츠클럽에 등록하기만 하면 된다.
> ③ Vous n'avez qu'à aller dans une agence de voyages. 여행사에 가기만 하면 됩니다.

13 Formulez des interdictions avec un impératif négatif / un infinitif négatif.
Ex. On ne doit pas fumer dans un lieu public.
① Ne fumez pas dans un lieu public. ➡ Ne pas fumer dans un lieu public.
② On ne doit pas rouler à 200 km à l'heure.

> **정답** 부정 명령문/ 부정의 동사원형으로 금지를 나타내보시오.
> [보기] 공공장소에서 흡연은 안 된다.
> ① Ne roulez pas / Ne pas rouler 시속 200킬로로 운전하지 마시오.
> ② N'oubliez pas / Ne pas oublier 차에서 벨트착용을 잊어서는 안 됩니다.

DELF A2

14

Lisez le mot de votre voisin et répondez négativement aux questions qu'il pose. Faites des phrases complètes.

Cher monsieur,
Ce petit mot pour vous avertir que des voleurs sont entrés en mon absence dans mon appartement, hier soir. Auriez-vous la gentillesse de répondre précisément aux questions qui suivent?

Merci d'avance
Monsieur Duval

Ex. Avez-vous entendu quelque chose?
    Non, je n'ai rien entendu.

Avez-vous vu quelqu'un?
Regardiez-vous encore la télévision vers 22 heures?
Prenez-vous un médicament pour dormir?

> **정답** 당신 이웃의 글을 읽고 질문에 부정으로 답하시오. 완전한 문장들을 만들어보시오.
> [보기] 무얼 들으셨나요? 아니오, 아무것도 듣지 못했습니다.
> 선생님. 이 글은 제가 부재중이던 어제 저녁 절도범들이 제 아파트에 들어왔다는 것을 알려드리기 위한 글입니다. 다음 질문에 구체적으로 답해주실 수 있습니까? 미리 감사 드리며 . 뒤발.
> – 누구를 본 일이 있나요?
> – 밤 10시 쯤 텔레비전을 보고 계셨나요?
> – 잠들기 위해 약을 드시나요?
> Non, je n'ai vu personne. 아니오, 나는 아무도 보지 못했습니다.
> Non, je ne regardais plus la télévision. 아니오, 나는 더 이상 TV를 보고 있지 않았습니다.
> Non, je ne prends pas de médicaments pour dormir. 아니오, 나는 수면제를 먹지 않습니다.

02 의문문

1 단순의문문

1 ≪Est-ce que≫ + 주어 + 동사 + ? (일상 언어에서 사용)

- Est-ce que vous parlez français? Oui, un petit peu.
  프랑스어 하실 줄 아세요? 네, 아주 조금.

- Est-ce que Vincent fait du tennis? Non, il n'aime pas ça.
  뱅쌍은 테니스 하나요? 아니오, 그는 싫어합니다.

주의 Est-ce que + il(s) / elle(s) (×)
Est-ce qu'il(s) / Est-ce qu'elle(s) (○)

2 인토네이션으로 간단히 의문문을 만들 수 있다.

- Vous parlez français? ↗
  프랑스어 하세요?

- Pierre fait du tennis? ↗
  삐에르는 테니스 하나요?

주의 Sont les enfants à l'école? (×)
Est-ce que les enfants sont à l'école? (○)
아이들은 학교에 있나요?

3 도치를 이용한 의문문 (세련된 언어 사용에서)
주어 대명사는 동사 뒤에, 복합시제에서는 조동사 뒤에 놓인다.

- Aimez-vous ce chanteur?
  이 가수 좋아하세요?

- Avez-vous joué au tennis hier?
  어제 테니스 했나요?

4 부정으로 물었을 때 내용이 맞으면 ≪oui≫ 대신 ≪si≫로 대답한다.

□ Tu ne viens pas avec nous?
너는 우리와 같이 안 가니?

- Si, bien sûr, je viens avec vous!
왜 아니에요. 물론 같이 갑니다.

주의 3인칭 단수 동사가 모음 e 또는 a로 끝나면 ≪t≫를 추가해야 한다.
Pierre aime-t-il la musique? 삐에르는 음악을 좋아하나요?
A-t-il des amis musiciens? 그는 음악가인 친구들이 있나요?
Va-t-il souvent au concert? 그는 종종 콘서트에 가나요?

연습문제

1 a. Posez la question avec «est-ce que?».
Ex. Il fait froid? ➔ Est-ce qu'il fait froid?
① Tu sors avec nous ce soir?
② Je peux ouvrir la fenêtre?
③ Il y a une piscine à l'hôtel?

b. Posez la quesiton en faisant l'inversion.
Ex. Tu as acheté du pain? ➔ As-tu acheté du pain?
① Vous auriez l'heure, s'il vous plaît?
② Vous avez passé un bon week-end?
③ Peter et Mary viendront en France cet été?

정답 a. ≪est-ce que?≫와 함께 질문해보시오.
[보기] 날씨가 추운가요?
① Est-ce que tu sors avec nous ce soir? 너는 오늘 저녁 우리와 같이 외출하니?
② Est-ce que je peux ouvrir la fenêtre? 창문 열어도 될까요?
③ Est-ce qu'il y a une piscine à l'hôtel? 호텔에 수영장이 있나요?

b. 도치로 질문을 만들어보시오.
[보기] 너는 빵을 샀니?
① Auriez-vous l'heure, s'il vous plaît? 지금 몇 시인가요?
② Avez-vous passé un bon week-end? 주말 잘 보내셨나요?
③ Peter et Mary viendront-ils en France cet été? 피터와 마리는 올 여름 프랑스에 올 건가요?

2 Répondez par «oui» ou «si».
Ex. Tu n'aimes pas les chansons de Jacques Brel? ➔ Si, je les aime beaucoup.
① Vous ne voyagez pas souvent?
② Vous parlez bien français?
③ Il ne pleut jamais dans le sud de la France?

정답 ≪oui≫ 또는 ≪si≫로 답해보시오.
[보기] 자끄 브렐의 노래 안 좋아하세요? 왜 아니에요, 아주 좋아합니다.
① Si, je voyage souvent. 왜 아니에요, 여행 자주 합니다.
② Oui, je parle bien français. 네, 저는 프랑스어 할 줄 압니다.
③ Si, il pleut dans le sud de la France. 왜 아니에요, 프랑스 남부에 비 옵니다.

2 ≪qui, que, quoi≫와 함께 하는 의문문

사람을 나타낼 때	사물을 나타낼 때
• Qui est-ce? 누구세요? • C'est mon frère. 내 형제입니다.	• Qu'est-ce que c'est? 이것이 무엇입니까? • C'est un gâteau au chocolat. 초코 케이크입니다.
누가?	무엇이?
• Qui est-ce qui? Qui... ? 누가? • Qui est-ce qui a construit la tour Eiffel? 누가 에펠탑을 세웠나요? = Qui a construit la tour Eiffel? • C'est Gustave Eiffel. 귀스타브 에펠입니다.	• Qu'est-ce qui? 무엇이? • Qu'est -ce qui fait ce bruit? 이 소음은 무엇이 내지요? • Ce sont des travaux dans la rue. 도로공사입니다.
누구를?	무엇을?
• Qui est-ce que? Qui ... ? 누구를? • Qui est-ce que tu invites à la fête ce soir? 오늘 저녁 파티에 너는 누구를 초대하니? = Tu invites qui à la fête ce soir? (상승 인토네이션) • J'invite tous mes copains. 내 친구들을 모두 초대해.	• Qu'est-ce que? Quoi? 무엇을? • Qu'est-ce que vous prenez comme dessert? 디저트로 뭘 드세요? = Vous prenez quoi comme dessert? • Je prends une crème caramel. 나는 카라멜 크림을 먹는다.
전치사 다음에	전치사 다음에
à / avec / pour / chez qui / ... • Avec qui est-ce que vous jouez au tennis? 누구와 테니스 하나요? =Vous jouez au tennis avec qui? - J'y joue avec Pierre. 삐에르와 같이 한다.	à / avec / de quoi / ... • De quoi est-ce que vous parlez? 무엇에 관해 말하시나요? =Vous parlez de quoi? - Nous parlons des vacances de Noël. 우리는 크리스마스 휴가에 대해 말합니다..

> **연습문제**

3 Posez la question avec : «Qui est-ce?» ou «Qu'est-ce que c'est?».
Ex. C'est un livre de français. ➜ Qu'est -ce que c'est?

① Ce sont des camarades de classe.
② C'est un cadeau pour ma soeur.
③ Ce sont les clés de ma voiture.

> **정답** ≪Qui est-ce?≫ 또는 ≪Qu'est-ce que c'est?≫로 질문해보시오.
> [보기] 프랑스어 책이다. → 무엇이지?
> ① Qui est-ce? 누구지? 학급 친구들이다.
> ② Qu'est-ce que c'est? 이게 뭐지? 누이에게 줄 선물이다.
> ③ Qu'est-ce que c'est? 이게 뭐지? 내 차 열쇠들이다.

4 Complétez les phrases par «Qui est-ce qui? Qu'est-ce qui? Qu'est-ce que?».

① ... tu fais? J'écris à ma grand-mère.
② Quel bruit! ... se passe?
③ ... a gagné le match de boxe hier soir?

> **정답** ≪Qui est-ce qui? Qu'est-ce qui? Qu'est-ce que?≫로 문장을 완성시켜보시오.
> ① Qu'est-ce que tu fais? J'écris à ma grand-mère. 너 뭐하니? 할머니께 편지를 써
> ② Quel bruit! Qu'est-ce qui se passe? 웬 소음이지! 무슨 일이야?
> ③ Qui est-ce qui a gagné le match de boxe hier soir? 어제 저녁 권투경기는 누가 이겼지?

3 Quand, où, combien, pourquoi, comment, quel, lequel

	≪Est-ce que?≫ 또는 도치	인토네이션
Quand	• Quand est-ce que vous partez pour le Mexique? 멕시코로 언제 떠나세요? • Quand partez-vous?	• Vous partez quand? 언제 떠나세요?
Où	• Où est-ce que vous habitez? 어디 사세요? • Où habitez-vous?	• Vous habitez où? 어디 사세요?
Combien	• Combien de croissants est-ce que vous voulez? 크로쌍 몇 개 원하세요? • Combien de croissants voulez-vous?	• Vous voulez combien de croissants? 크로쌍 몇 개 원하세요? - J'en voudrais deux. 두 개 원합니다.
Pourquoi	• Pourquoi est-ce qu'elle n'est pas là? 그녀는 왜 없나요? • Pourquoi n'est-elle pas là?	• Pourquoi elle n'est pas là? 그녀는 왜 없나요? -Parce que son fils est malade. 아들이 아픕니다.
Comment	• Comment est-ce que tu t'appelles? 너 이름이 뭐니? • Comment t'appelles-tu?	• Tu t'appelles comment? 넌 이름이 뭐니? - Je m'appelle Olivier Dumont. 내 이름은 올리비에 뒤몽이야.

Quel + 명사 (명사에 관한 질문을 할 때)

	≪Est-ce que?≫ 또는 도치	인토네이션
Quel(s) Quelle(s)	• Quel fromage voulez-vous? 어떤 치즈를 원하세요? -Un camembert. 까망베르 치즈.	• Vous voulez quel fromage? 어떤 치즈를 원하세요?
전치사 + quel	• À quelle heure est-ce que le train arrive? 몇 시에 열차가 도착하나요? -Il arrive à 17h 30. 오후 5시 반에 도착합니다. • De quel pays venez-vous? 어느 나라에서 오셨나요? -Je viens de la Corée. 한국에서 왔습니다.	• Le train arrive à quelle heure? 열차는 몇 시에 도착하나요? • Vous venez de quel pays? 어느 나라에서 오셨나요?

Lequel (= ≪quel≫ + 명사를 대치)

	≪Est-ce que?≫ 또는 도치	인토네이션
Lequel Laquelle Lesquels Lesquelles	• Il y a deux bus. Lequel est-ce que tu prends? 버스가 두 대 있다. 어느 버스 타니? • Lequel prends-tu? (=quel bus) - Je prends le 27. 나는 27번 버스를 탄다.	• Tu prends lequel? (= quel bus) 너는 어느 버스 타니?

주어 도치는 비교적 세련된 언어 수준에서 사용되지만 다음과 같은 일상 표현에서도 사용된다.

- Comment allez-vous 안녕하세요?
- Quand pars-tu? 언제 떠나니?
- Quelle heure est-il? 지금 몇 시죠?
- Quel temps fait-il? 날씨가 어떤가요?
- Où vas-tu? 어디 가니?
- Où est-il? 그는 어디 있지?
- Quel âge as-tu? 너는 몇 살이니?

연습문제

5 Posez la question avec : «pourquoi, quand, où, comment, combien».
① Il s'appelle Léo.
② Demain soir.
③ Ils ont deux enfants.

정답 ≪pourquoi, quand, où, comment, combien≫로 질문해보시오.
① Comment s'appelle votre frère? 당신 형제 이름이 뭐지요? 레오입니다.
② Quand viendras-tu me voir? 언제 나를 보러 오겠니? 내일 저녁.
③ Combien d'enfants ont les Durand? 뒤랑 가족은 자식이 몇이지? 둘입니다.

6 Complétez par «quel» ou «lequel», en faisant les accords nécessaires.
① Dans ... rue est-ce que tu habites?
② Pardon, Madame, la rue Bayard, c'est ... ? Celle-ci ou celle-là?
③ Le manteau de Sonia, c'est ... ? le bleu ou le rouge?

정답 필요한 성·수 일치를 하며 ≪quel≫ 또는 ≪lequel≫로 문장을 완성시키시오.
① quelle 어느 길에 사니?
② laquelle 실례합니다. 부인. 바야르 가(街)가 어느 길인가요? 이쪽 아니면 저쪽 길?
③ lequel 소니아 외투가 어느 건가요? 파란색 아니면 빨간색 외투?

7 Posez la question avec : «quel(s), quelle(s)».
Ex. C'est le 02 32 45 89 41 ➡ Quel est ton numéro de téléphone?
① Je voudrais cette cravate bleue.
② Il est cinq heures.
③ Il fait beau et chaud.

> 정답 ≪quel(s), quelle(s)≫을 갖고 질문해보시오.
> [보기] 02 32 45 89 41이다. → 네 전화번호는 무엇이니?
> ① Quelle cravate voulez-vous? 어떤 넥타이 원하세요? 파란 넥타이 원합니다.
> ② Quelle heure est-il? 몇 시죠? 5시입니다.
> ③ Quel temps fait-il? 날씨가 어떤가요? 날씨 좋고 덥습니다.

8 Complétez par «comment, où, combien, quand, quelle».
① ... est-ce que vous viendrez nous voir?
② Pour ... entreprise est-ce qu'il travaille?
③ ... trouvez-vous ce film?

> 정답 ≪comment, où, combien, quand, quelle≫로 문장을 완성시키시오.
> ① Quand 언제 우리를 보러 올 건가요?
> ② quelle 그는 어느 기업을 위해 일하나요?
> ③ comment 이 영화 어떻게 생각하세요?

4 간접의문문

1 간접의문문은 demander(~을 묻다), savoir(~인지 알다) 등을 이용해 질문의 내용을 다른 사람에게 전하는 문장이다.

□ Madame Leroy demande : «Est-ce que le taxi est arrivé?» (직접 의문문)
르라 부인이 묻는다. "택시가 도착했나요?"

□ Madame Leroy demande si le taxi est arrivé. (간접의문문)
르라 부인은 택시가 도착했는지 묻는다.

2 간접의문문에서 의문사는 다음과 같이 바뀐다.

직접의문문	간접의문문
• Est-ce que? 또는 인토네이션 Est-ce que l'avion a atterri? 비행기가 착륙했나요? L'avion a atterri?	• si Il demande si l'avion a atterri. 그는 비행기가 도착했는지 묻는다.
• Qui? / qui est-ce qui? -Qui a téléphoné? 누가 전화했나요? -Qui est-ce qui a téléphoné?	• qui Il demande qui a téléphoné. 그는 누가 전화했는지 묻는다.

•Qu'est-ce que? Qu'est-ce que Michel va faire lundi? 미셸은 월요일에 뭘하지?	•ce que Il demande ce que Michel va faire lundi. 그는 월요일에 미셸이 할 일에 대해 묻는다.
•Qu'est-ce qui? Qu'est-ce qui s'est passé? 무슨 일이니?	•ce qui Il demande ce qui s'est passé. 그는 무슨 일이 있었는지 묻는다.

주의 Il demande s'elle vient. (×)
Il demande si elle vient. (○)
그는 그녀가 오는지 묻는다.

3 다음 의문사는 변하지 않는다. ≪comment≫ – ≪quand≫ – ≪où≫ – ≪quel≫ – ≪lequel≫ – ≪combien≫ – ≪pourquoi≫ – 전치사 + ≪qui≫ 또는 ≪quoi≫

□ Pierre me demande : ≪Quand est-ce que le secrétariat est ouvert?≫
삐에르는 내게 비서실은 언제 여느냐고 묻는다.

➡ Pierre me demande quand le secrétariat est ouvert.

□ Elle veut savoir : ≪Quelle heure est-il?≫
그녀는 지금 몇 시인지 알고 싶어한다.

➡ Elle veut savoir quelle heure il est.

4 인칭대명사와 소유형은 변한다.

□ La vendeuse demande à la dame : ≪Qu'est-ce que vous cherchez?≫.
점원은 부인에게 무엇을 찾느냐고 묻는다.

➡ La vendeuse demande à la dame ce qu'elle cherche.

□ Le policier demande aux passagers : ≪Vous avez vos papiers sur vous?≫
경찰관은 행인들에게 신분증을 가지고 있냐고 물어본다.

➡ Le policier demande aux passagers s'ils ont leurs papiers sur eux.

5 주절 시제가 과거일 때는 시제의 일치 규칙을 적용한다.

□ Elle me demande 그녀는 내게 묻는다. (현재)
- si j'ai vu ce film. 내가 이 영화를 봤냐고. (복합과거)
- si j'aime ce film. 내가 이 영화를 좋아하냐고. (현재)
- si j'irai voir ce film. 내가 이 영화를 보러갈 것인지. (미래)

□ Elle m'a demandé 그녀는 내게 물었다 (복합과거)
- si j'avais vu ce film. 내가 이 영화를 봤냐고. (대과거)

- si j'aimais ce film. 내가 이 영화를 좋아했냐고. (반과거)
- si j'irais voir ce film. 내가 이 영화를 보러 갈 것인지. (조건법 현재, 과거에 있어서의 미래)

연습문제

9 Mettez à la forme indirecte.
Ex. Je lui demande : «Pourquoi es-tu en retard?» → Je lui demande pourquoi il est en retard.
① Le touriste demande : «Est-ce qu'il y a une poste près d'ici?»
② Le directeur me demande : «Vous avez déjà travaillé à l'étranger?»
③ La mère demande à l'enfant : «Qu'est-ce que tu as fait à l'école ce matin?»

> **정답** 간접의문문으로 만드시오.
> [보기] 나는 그에게 묻는다 : "왜 늦었니?" → 나는 그에게 왜 늦었냐고 묻는다.
> ① s'il y a une poste près d'ici. 관광객은 가까운 곳에 우체국이 있는지 묻는다.
> ② si j'ai déjà travaillé à l'étranger. 사장은 내게 외국에서 일한 적이 있냐고 묻는다.
> ③ ce qu'il a fait à l'école ce matin. 어머니는 아이에게 학교에서 오전에 뭘 했냐고 묻는다.

10 Un enquêteur pose à une dame des questions sur l'utilisation d'Internet. Posez indirectement les questions de l'enquêteur.
Ex. Depuis combien de temps avez-vous un site Internet? → L'enquêteur demande à la dame depuis combien de temps elle a un site Internet.
① Est-ce que vous utilisez souvent Internet?
② Qui est-ce qui utilise Internet dans votre famille?
③ Combien de temps passez-vous devant votre ordinateur chaque jour?

> **정답** 앙케이트 담당자는 어떤 부인에게 인터넷 사용에 대해 묻는다.
> 앙케이트 담당자의 질문을 간접의문문으로 만들어보시오.
> [보기] 얼마나 오래전부터 인터넷 사이트를 갖고 있나요? → 앙케이트 담당자는 부인에게 언제부터 인터넷 사이트를 갖고 있는지 묻는다.
> ① si elle utilise souvent Internet. 자주 인터넷을 사용하는지
> ② qui utilise Internet dans sa famille. 가정에서 누가 인터넷을 쓰는지
> ③ combien de temps elle passe devant son ordinateur chaque jour.
> 매일 얼마나 오래 컴퓨터 앞에 있는지

11 Complétez par «qui» ou «quoi».
① À ... parle monsieur Dubout? - au directeur de la banque.
② À ... pensez-vous? - à mes prochaines vacances.
③ En ... est ce joli bracelet? - en or.

> **정답** ≪qui≫ 또는 ≪quoi≫를 가지고 문장을 완성시키시오.
> ① qui 뒤부 씨는 누구에게 말하나요? 은행장에게 말합니다.
> ② quoi 무얼 생각하세요? 다음 휴가를 생각합니다.
> ③ quoi 이 예쁜 팔찌는 무엇으로 되었나요? 금으로 되었습니다.

12 Une nouvelle étudiante arrive dans la classe. Ses camarades lui posent des questions sur son nom, sa nationalité, son âge, sa famille, ses goûts (sport, musique, ...). Écrivez ces questions.

> **정답** 새로운 여학생이 학급에 왔다. 동료들은 그에게 이름, 국적, 나이, 가족, 취향(스포츠, 음악..) 등에 묻는다. 질문을 써보시오.
> Comment t'appelles-tu? 이름이 뭐니?
> Quel âge as-tu? 몇 살이니?
> Quelle est ta nationalité? 국적이 어디니?
> Quel sport aimes-tu? 어떤 스포츠 좋아하니?

DELF B1

Nicole Lefort voudrait passer une semaine à l'hôtel du Mont-Blanc. Elle veut savoir :
1. le prix des chambres pour deux personnes.
2. le confort : soleil, terrasse, télévision...
3. ce que ce prix comprend (petit déjeuner, demi-pension, pension complète)
4. la vue (sur les montagnes ou sur le village)

Rédigez sa lettre

Monsieur
Je voudrais réserver une chambre dans votre hôtel pour la semaine du 1er au 8 janvier. J'aimerais vous poser quelques questions :
1...
2...
Pouvez-vous aussi...
Dans l'attente de votre réponse, je vous adresse mes meilleures salutations.

Nicole Lefort

> **정답** 니꼴 르포르는 몽블랑에 있는 호텔에서 1주일을 보내고 싶어 한다. 그녀가 알고 싶은 것 :
> 1. Quel est le prix des chambres pour deux?
>   두 사람을 위한 방 가격은?
> 2. Quel confort offre l'hôtel?
>   호텔이 제공하는 편의는?
> 3. Que comprend le prix des chambres?
>   방값에 포함된 것은?
> 4. Quelle vue a-t-on des chambres, sur les montagnes ou sur le village?
>   객실에서 산이나 마을이 보이나요?

03 대명동사

대명동사는 주어와 같은 인칭의 대명사 즉, me, te, se, nous, vous, se와 같이 활용되는 동사다.

■ 대명동사는 주어가 자기 자신에 대한 동작을 한다

현재형
je me regarde
tu te regardes
il / elle se regarde
nous nous regardons
vous vous regardez
ils / elles se regardent

다음을 비교해보자.

regarder quelqu'un 누군가를 보다	**se regarder** 스스로를 보다
•Julie est en face de moi, elle me regarde. 쥴리는 내 앞에 있고, 그녀는 나를 본다.	•Je me regarde dans une glace. 나는 거울 안의 나를 본다.
•Julie est en face de son mari, elle le regarde. 쥴리는 자기 남편 앞에 있고, 그녀는 그를 본다.	•Julie se regarde dans une glace. 쥴리는 거울 속의 자기를 본다.
•Julie est en face de vous, elle vous regarde. 쥴리는 당신 앞에 있고, 그녀는 당신을 본다.	•Vous vous regardez dans une glace. 당신은 거울 속의 자신을 본다.

1 복합시제에서는 의미에 상관없이 ≪être≫ 조동사를 사용한다.

복합과거
je me suis regardé(e)
tu t'es regardé(e)
il / elle s'est regardé(e)
nous nous sommes regardé(e)s
vous vous êtes regardé(e)s
ils/ elles se sont regardé(e)s

- Je me suis regardé(e) dans la glace.
  나는 거울 속의 나를 봤다.

- Ils s'étaient connus à l'université. (대과거)
  그들은 대학시절에 서로 알게 되었다.

> **주의** 과거 분사는 주어와 일치한다.
> Catherine s'est réveillée ce matin de très bonne heure.
> 까뜨린느는 오늘 아침 일찍 일어났다.

2 명령형에서 대명사의 위치에 주의

긍정형	부정형
Lève-toi! 일어나라!	Ne te lève pas! 일어나지 마라!

3 대명동사가 동사원형으로 사용될 때, 대명사는 첫 번째 동사의 주어와 같게 사용한다.

- Je me promène. 나는 산책한다.

- J'aime me promener. 나는 산책하기를 좋아한다.

- Vous vous levez tôt. 당신은 일찍 일어난다.

- Vous devez vous lever tôt. 당신은 일찍 일어나야 한다.

- Tu te laves les mains. 너는 손을 씻는다.

- Tu vas te laver les mains. 너는 곧 손을 씻으려고 한다.

> **주의** Vous pouvez se lever. (×)
> Vous pouvez vous lever. (○)
> 일어나셔도 됩니다.

4 대명동사와 être + 과거분사를 혼동해선 안 된다.

- À 8h, Claire s'habille. (동작 = elle est en train de s'habiller)
  8시에 끌레르는 옷을 입는다.(옷을 입는 중이다)

- À 8h 15, Claire est habillée. (동작의 결과)
  8시15분에 끌레르는 옷을 입었다.

- Jean s'assoit. 쟝은 앉는다.

- Il est assis. 그는 앉아있다.

- Le soleil se couche. 태양은 진다.

- Le soleil est couché. 태양은 졌다.

- Pierre et Claire se marient. 삐에르와 끌레르는 결혼한다.
- Pierre et Claire sont mariés. 삐에르와 끌레르는 결혼했다.

몇몇 동사는 대명동사일 때 의미가 달라진다

- Mettre : Elle a mis des lunettes de soleil.
  그녀는 선글래스를 착용했다.

- Se mettre : Elle s'est mise à travailler sur son ordinateur à 10h.
  (= a commencé à travailler)
  그녀는 10시에 자신의 컴퓨터에서 일하기 시작했다.

- Passer : As-tu passé de bonnes vacances? Oui, excellentes merci!
  휴가 잘 보냈니?   응, 멋지게 보냈어. 고마워.

- Se passer : L'histoire de *L'Étranger* de Camus se passe en Algérie.
  (=a lieu)
  까뮈의 이방인은 알제리에서 이야기가 일어난다.

- Trouver : j'ai trouvé un joli cadeau pour Inès.
  나는 이네스를 위한 예쁜 선물을 찾았다.

- Se trouver : Où se trouve l'office du Tourisme? À côté de la gare.
  (se trouve = est)
  관광안내소는 어디 있나요? 기차역 옆에 있습니다.

연습문제

1 Mettez le verbe au présent puis au passé composé.
Ex. (se regarder) Elles.... ➔ Présent : Elles se regardent.
                          ➔ Passé composé : Elles se sont regardées.

① (se promener) Je... . Je ... .
② (s'arrêter) Tu ... . Tu ... .
③ (s'habiller) Elle ... . Elle ... .

정답 다음 동사를 현재 그리고 복합과거로 써보시오.
[보기] 그 여자들은 서로 쳐다본다. 그 여자들은 서로 쳐다봤다.
① Je me promène. Je me suis promené. 나는 산책한다. 나는 산책했다.
② Tu t'arrêtes. Tu t'es arrêté. 너는 선다. 너는 섰다.
③ Elle s'habille. Elle s'est habillée. 그녀는 옷을 입는다. 그녀는 옷을 입었다.

2 Complétez les phrases par un infinitif.
Ex : (se revoir) : ➔ Après un an de séparation, ils vont enfin se revoir!

① (se coucher) Tu vas passer un examen demain. Tu vas ... tôt.
② (se parler) Dans la classe, nous devons ... en français.
③ (s'habituer) J'espère que je vais ... à mon nouveau travail.

> **정답** 다음 문장들을 동사원형으로 완성시키시오.
> [보기] 1년간 떨어져 있다가 마침내 그들은 만나게 된다.
> ① te coucher 너는 내일 시험을 본다. 너는 일찍 자야한다.
> ② nous parler 교실에서 우리는 프랑스어로 말해야한다.
> ③ m'habituer 나는 내 새 직장에 적응하기를 원한다.

3 Complétez les phrases par la forme du verbe qui convient : présent ou présent pronominal.
Ex. (laver/se laver) On se lave les mains avant de manger.
　　　　　　　　　On lave les légumes avant de les faire cuire.
① (rencontrer / se rencontrer)　Je ... quelquefois Lucie dans la rue.
　　　　　　　　　　　　　　Nous ... souvent au café Voltaire.
② (promener / se promener)　La famille Bardot ... dans la forêt.
　　　　　　M. Bardot ... son chien trois fois par jour.
③ (aimer / s'aimer)　M. Legrand ... beaucoup la Bretagne.
　　Ces deux enfants passent leur temps ensemble. Ils ... beaucoup.

> **정답** 현재형 또는 대명동사 가운데 적합한 형태로 완성시키시오.
> [보기] 식사 전에 손을 씻는다.
> 　　　요리 하기 전에 야채들을 씻는다.
> ① rencontre 나는 이따금 길에서 뤼시를 만난다.
> 　 nous rencontrons 우리는 가끔 볼테르 카페에서 만난다.
> ② se promène 바르도 가족은 숲에서 산책한다.
> 　 promène 바르도 씨는 하루에 세 번 자기 개를 산책시킨다.
> ③ aime 르그랑 씨는 브르타뉴 지역을 사랑한다.
> 　 s'aiment 이 두 어린이는 그들의 시간을 같이 보낸다. 그들은 아주 서로 사랑한다.

4 Reliez les phrases.
① La fenêtre est ouverte.
② Vous êtes très fatigué.
③ Vous avez une forte grippe, mais ce n'est pas grave.
④ Tu n'es pas prêt? Il faut partir bientôt!
⑤ Papa, j'ai pris la voiture sans te le dire.
⑥ Madame, on ne parle pas au cinéma.

　a. Reposez-vous!
　b. Taisez-vous!
　c. Attention! Ne vous penchez pas!
　d. Ne te fâche pas!
　e. Ne vous inquiétez pas!
　f. Prépare-toi!

> **정답** 다음 문장들을 연결시키시오.
> ① c 창문이 열려 있습니다. 주의! 몸을 내밀지 마시오.
> ② a 당신은 몹시 피곤합니다. 쉬세요.
> ③ e 당신은 독감에 걸렸지만, 심하지는 않습니다. 초조해하지 마세요.
> ④ f 아직 준비 안됐니? 곧 떠나야한다. 준비해라.
> ⑤ d 아빠, 내가 그것을 말 안하고 차에 탔어. 화 내지마
> ⑥ b 부인, 극장에선 말하지 않아요. 조용히 하세요.

DELF A2

5 Dans ce texte choisissez la conjugaison simple ou la conjugaison pronominale des verbes entre crochets.

La journée d'un écrivain.

Je suis de mauvaise humeur si je [(se) lever] avant 10h. je [(se) réveiller] mon frère. Il [(se) préparer] le petit déjeuner et nous le prenons ensemble. Nous [(s')habiller]. Puis, je [(se) mettre] à mon ordinateur, Mon frère, lui, [(se) préparer] à partir travailler.
Après le déjeuner, je [(se) reposer] un quart d'heure et je vais [(se) promener] mon chien puis je [(s')occuper] de mon courrier. Je [(se) remettre] à écrire. Je [(se) passer] quelquefois la soirée avec mes parents qui [(se) coucher] au dernier étage de la maison. Je [(se) coucher] très tard, parfois à 4h du matin.

> **정답** 괄호 안의 동사가 단순 변화인지 대명동사 변화인지 선택해 보시오.
> Je me lève. Je réveille. il prépare. Nous nous habillons. Je me mets. se prépare. Je me repose. je vais promener. je m'occupe. Je me remets. Je passe. qui couchent. Je me couchent
>
> 작가의 하루
> 나는 10시 이전에 일어나면 기분이 좋지 않다. 나는 내 형제를 깨운다. 그는 아침식사를 준비하고 우리는 같이 먹는다. 나는 컴퓨터를 켠다. 내 형제는 일하러 갈 준비를 한다.
> 점심 식사 후에 15분쯤 쉬고 내 개를 산책시키러 간다. 그리고 우편물을 챙긴다. 그리고 다시 글쓰기를 시작한다. 나는 이따금 이 건물 꼭대기 층에 사는 내 부모님과 같이 저녁시간을 보낸다. 나는 아주 늦게 잠자리에 들고, 이따금 새벽 4시에 잔다.

04 시제

1 현재

형태

	단수		복수	
	2체계의 어미		1체계의 어미	
je	e	s	nous	ons
tu	es	s	vous	ez
il/elle	e	t / d	ils/elles	ent

동사의 3 부류

	1군동사	2군동사	3군동사			
	parler	**finir**	**partir**	**ouvrir**	**attendre**	**boire**
	말하다	끝내다, 끝나다	떠나다	열다	기다리다	마시다
je	parl-e	fini-s	par-s	ouvr-e	attend-s	boi-s
tu	parl-es	fini-s	par-s	ouvr-es	attend-s	boi-s
il/elle	parl-e	fini-t	par-t	ouvr-e	atten-d	boi-t
nous	parl-ons	finiss-ons	part-ons	ouvr-ons	attend-ons	buv-ons
vous	parl-ez	finiss-ez	part-ez	ouvr-ez	attend-ez	buv-ez
ils/elles	parl-ent	finiss-ent	part-ent	ouvr-ent	attend-ent	buv-ent

1 몇몇 1군동사들의 활용에 주의

   Appeler 부르다 : j'appelle, nous appelons
   Manger 먹다 : je mange, nous mangeons

2 ≪aller≫ 동사는 특이하게 활용된다.

   Aller : je vais, tu vas, il va, nous allons, vous allez, ils vont

3 불규칙한 3군동사의 활용

하나의 어간을 갖는 경우 : ouvrir(→ ouvr-) 열다
두 개의 어간 : partir (par- / part-) 떠나다
세 개의 어간 : boire (boi- / buv- / boiv-) 마시다
어미는 다음과 같이 다양하게 활용된다. : s, s, t/d
　　　　　　　　　　　　　　　　　　　e, es, e

≪pouvoir≫(~이 가능하다)와 ≪vouloir≫(~을 원하다)의 활용에도 주의!
Pouvoir : je peux, tu peux, il peut, nous pouvons, vous pouvez, ils peuvent
Voulouir : je veux, tu veux, il veut, nous voulons, vous voulez, ils veulent

▆ 현재시제 용법

1 발화 순간의 동작

　□ Que font les enfants? Ils regardent un dessin animé à la télévision.
　　어린이들은 뭘 하나요? TV로 만화를 보고 있습니다.

　□ Le train s'arrête. Qu'est-ce qui se passe?
　　열차가 섭니다. 무슨 일이죠?

2 묘사, 상황

　□ Les Dubois habitent Nantes. Le mari est cadre dans une entreprise, la femme est médecin ; ils ont trois enfants.
　　뒤부아 가족은 낭뜨에 살고 있다. 남편은 기업 간부이고, 아내는 의사이며 그들은 세 명의 자식이 있다.

3 습관

　□ À Noël, on donne des cadeaux à sa famille et on boit du champagne.
　　크리스마스에 가족에게 선물을 주고 샴페인을 마신다.

　□ En ce moment, je vais très souvent au restaurant.
　　요즘, 나는 레스토랑에 자주 간다.

4 일반적인 사실

　□ Dans le sud de la France, il fait doux en hiver et chaud en été.
　　남부 프랑스는 겨울에 온화하고 여름에 덥다.

　□ L'argent ne fait pas le bonheur.
　　돈이 행복을 만들어주지는 않는다.

5 가까운 미래

□ Dépêchez-vous! La banque ferme dans 15 minutes.
서두르세요. 은행은 15분 있으면 닫습니다.

□ Je me marie le mois prochain.
저 다음 달에 결혼해요.

주의 depuis와 함께 하는 문장은 과거에 시작되어 아직 지속되고 있는 상황을 나타낸다.
Il travaille depuis dix ans dans une entreprise d'informatique.
그는 컴퓨터 회사에서 10년 전부터 일하고 있다.

≪être en train de≫ ~하고 있는 중이다

≪être en train de≫ + 동사원형은 동작의 지속성을 강조한다.

□ Ne dérangez pas Nathalie! Elle est en train de réviser son examen.
나딸리를 방해하지 마세요. 시험 준비하는 중이에요.

□ Où sont les enfants? Ils sont en train de jouer au football.
어린이들은 어디 있나요? 축구를 하고 있어요.

연습문제

1 Écrivez les terminaisons suivantes.
 ① Je travaill.... tu offr.... Il entr.... nous travaill.... vous offr.... ils entr....
 ② Je condui.... Tu sai.... Il réfléchi... nous conduis.... vous sav.... ils réfléchiss....
 ③ Je rang.... Tu vien.... Il appren.... nous rang.... vous ven.... ils appren....

 정답 다음 동사들의 활용 어미를 써보시오.
  ① e 나는 일한다. es 너는 제공한다. e 그는 들어간다. ons 우리는 일한다. ez 당신(들)은 제공한다. ent 그들은 들어간다
  ② s 나는 운전한다. s 너는 안다. t 그는 곰곰이 생각한다. ons 우리는 운전한다. ez 당신은 안다. ent 그들은 심사숙고 한다
  ③ e 나는 정리한다. t 너는 온다. d 그는 배운다. eons 우리는 정리한다. ez 당신(들)은 온다. nent 그들은 익힌다

2 Mettez les verbes au présent et indiquez la valeur de ce présent.
 Ex. La neige est froide et blanche. → vérité générale
 ① Toutes les chambres de cet hôtel (donner) sur la mer.
 ② M. Lagarde (prendre) l'avion ce soir pour Lisbonne.
 ③ Tous les samedis soirs, Nathalie et Victor (sortir) ou (recevoir) des amis chez eux.

 정답 다음 동사를 현재시제로 쓰고 현재의 가치를 지적해 보시오.
  [보기] 눈은 차고 하얗다. → 일반적인 사실
  ① donnent (description 묘사) 이 호텔의 모든 방은 바다에 접해 있다.
  ② prend (futur très proche 가까운 미래) 라가르드 씨는 오늘 저녁 리스본 행 비행기를 탄다.
  ③ sortent, reçoivent (habitude 습관) 토요일 저녁마다 나딸리와 빅또르는 외출하거나 친구들을 집으로 초대한다.

2 미래

형태

1 단순미래

	1군 동사	2군 동사	3군 동사			
	parler 말하다	**finir** 끝내다, 끝나다	**partir** 떠나다	**ouvrir** 열다	**attendre** 기다리다	**boire** 마시다
je	parler-ai	finir-ai	partir-ai	ouvrir-ai	attendr-ai	boir-ai
tu	parler-as	finir-as	partir-as	ouvrir-as	attendr-as	boir-as
il/elle	parler-a	finir-a	partir-a	ouvrir-a	attendr-a	boir-a
nous	parler-ons	finir-ons	partir-ons	ouvrir-ons	attendr-ons	boir-ons
vous	parler-ez	finir-ez	partir-ez	ouvrir-ez	attendr-ez	boir-ez
ils/elles	parler-ont	finir-ont	partir-ont	ouvrir-ont	attendr-ont	boir-ont

2 근접미래

근접미래 시제는 ≪aller≫ 동사 현재 + 동사원형으로 만든다.

je	vais	partir
tu	vas	partir
il/elle	va	partir
nous	allons	partir
vous	allez	partir
ils/elles	vont	partir

 불규칙한 미래형 : 동사원형을 바탕으로 만들지 않는데 주의!

avoir → j'aurai   être → je serai
aller → j'irai   faire → je ferai
savoir → je saurai   pouvoir → je pourrai
vouloir → je voudrai   venir → je viendrai

용법

1 단순미래

단순 미래는 다가올 미래를 나타내는데 사용한다.

가까운 미래 : <u>Dimanche prochain</u>, nous ferons un pique-nique en forêt.
　　　　　　　오는 일요일에 우리는 숲으로 피크닉을 간다

비교적 먼 미래 : <u>Bientôt</u>, les gens pourront voyager dans l'espace.
　　　　　　　　곧, 사람들은 우주여행을 할 것이다.

또는 다음을 나타내는 데에도 사용된다.

명령 : Vous finirez cet exercice à la maison.
이 문제는 집에서 끝내세요.

충고 : Vous prendrez ce médicament pendant une semaine.
이 약을 1주일 동안 드세요.

2 근접 미래

어떤 동작이 아주 가까운 미래에 일어나는 것을 강조할 때 사용된다.

□ Attention! le bébé va tomber!
주의하세요. 아기가 넘어지려고 해요.

□ Regarde le ciel, il va pleuvoir!
하늘을 봐. 비가 오려고 해.

□ L'avion va atterrir dans cinq minutes.
비행기는 5분 후에 이륙합니다.

실현하려고 하는 계획을 지적할 때 :

□ L'année prochaine, on va fêter les 80 ans de ma grand-mère.
내년에 할머니의 80세 생일을 축하하려한다.

주의 전미래(Le futur antérieur, 조동사 미래 + 과거분사) 는 미래에 다른 동작 보다 먼저 일어나는 일을 종속절에서 나낼 때 사용한다.
Quand tu auras lu ce livre, tu me le prêteras. (= d'abord tu liras, après tu me le prêteras)
이 책 읽고 나서 내게 빌려다오.

■ 몇몇 시제를 나타내는 표지

현재	미래
aujourd'hui 오늘	demain / lundi prochain 내일/오는 월요일에
en ce moment 지금	bientôt 곧
maintenant / actuellement 지금은	prochainement 앞으로
cette semaine 이번 주에	la semaine prochaine 다음 주에
ce mois-ci 이 달에	le mois prochain 다음 달에
cette année 금년에	l'année prochaine/ dans un an 내년에

연습문제

3 Mettez les verbes au futur et soulignez les indicateurs de temps.

① Ma soeur habite à Madrid. Je (aller) bientôt la voir.
② Carla et Bob (revenir) en France l'année prochaine.
③ Tu n'as pas encore 18 ans. Tu (conduire) ma voiture plus tard!

> **정답** 동사를 미래로 쓰고 시간의 표지를 지적해 보시오.
> ① J'irai, bientôt 내 누이는 마드리드에 산다. 나는 곧 만나러 갈 것이다.
> ② reviendront, l'année prochaine 카를라와 봅은 내년에 프랑스에 다시 올 것이다.
> ③ conduiras, plus tard 너는 아직 18세가 안되었다.
>   너는 나중에 내 차를 운전해라.

4 Mettez les verbes au présent ou au futur.

① Tous les jours, je (aller) à mon cours de français à 10h et je (rentrer) chez moi à 14h. Il n'y (avoir) pas de cours pendant le week-end.
② Demain, le temps (être) beau sur toute la France, mais en fin de journée des nuages (arriver) par l'ouest et il (pleuvoir) en Bretagne.
③ En général, les gens (faire) leurs courses le samedi. Mais demain, les magasins (être) fermés à cause de la fête du 1er mai.

> **정답** 다음 동사들을 현재 또는 미래로 쓰시오.
> ① je vais, je rentre, il n'y a
>   매일 나는 10시에 프랑스어 수업에 가고 오후 2시에 집에 돌아온다. 주말에는 수업이 없다.
> ② sera, arriveront, il pleuvra
>   내일, 프랑스 전국에 날씨가 좋겠지만, 일과 시간 끝 무렵에는 서쪽으로 구름이 올 것이고 브르타뉴 지방에는 비가 올 것이다.
> ③ font, seront
>   일반적으로 사람들은 토요일에 장을 본다. 하지만 내일 노동절 휴일로 가게들이 닫을 것이다.

5 Employez le futur simple ou le futur proche.

① Il est 12h 46. L'avion Paris-Rome (atterrir) à 13 heures.
② Oh là là! Le ciel est tout gris! Il (neiger).
③ En 2030, on pense que 30% des Fançais (avoir) plus de 60 ans.

> **정답** 단순미래 또는 근접미래를 사용하시오.
> ① atterrira 지금은 12시 46분. 빠리-로마 비행기는 오후 1시에 이륙합니다.
> ② il va neiger 오 랄 라! 하늘이 아주 회색이다. 눈이 올 것 같다.
> ③ auront 2030년에 30퍼센트의 프랑스인은 60세 이상이 될 것이다.

3 반과거

형태

반과거(l'imparfait)는 직설법 현재형 1인칭 복수 (nous)를 어간으로 만든다.
모든 동사의 어미는 다음과 같다 : ais, ais, ait, ions, iez, aient

	현재		반과거
1군동사 :	Nous parl-ons	→	je parl-ais
2군동사 :	Nous fin-issons	→	je fin-issais
3군동사 :	Nous part-ons, Nous ouvr-ons, ...	→	je part-ais, j'ouvr-ais, ...

	1군동사	2군동사	3군동사			
	parler 말하다	**finir** 끝내다, 끝나다	**partir** 떠나다	**ouvrir** 열다	**attendre** 기다리다	**boire** 마시다
je	parl-ais	finiss-ais	part-ais	ouvr-ais	attend-ais	buv-ais
tu	parl-ais	finiss-ais	part-ais	ouvr-ais	attend-ais	buv-ais
il/elle	parl-ait	finiss-ait	part-ait	ouvr-ait	attend-ait	buv-ait
nous	parl-ions	finiss-ions	part-ions	ouvr-ions	attend-ions	buv-ions
vous	parl-iez	finiss-iez	part-iez	ouvr-iez	attend-iez	buv-iez
ils/elles	parl-aient	finiss-aient	part-aient	ouvr-aient	attend-aient	buv-aient

용법

1 묘사, 상황

- La jeune fille portait une robe extraordinaire et tout le monde la regardait.
  아가씨는 독특한 원피스를 입고 있었고 모든 사람은 그녀를 쳐다보고 있었다.

- De la terrasse de l'hôtel, on avait une vue spledide sur la mer qui brillait sous le soleil.
  호텔 테라스에서 사람들은 태양 아래 빛나는 바다 풍광을 보고 있었다.

- Nous attendions le bus qui ne venait pas et les gens s'impatientaient car il faisait froid.
  우리는 오지 않는 버스를 기다리고 있었고 날씨가 추워지고 있어서 사람들은 초조해하고 있었다.

2 과거의 습관

- Chaque jour, la vieille dame s'installait sur un banc dans le parc et donnait à manger aux pigeons.
  매일 할머니는 공원 벤치에 앉아 비둘기들에게 먹을 것을 주었다.

- Quand j'étais enfant, mon grand-père me racontait une histoire différente chaque soir après le dîner.
  내가 어릴 때 할아버지는 저녁식사 후에 저녁 마다 다른 이야기를 들려주었다.

≪être en train de≫ 표현과 함께

≪être en train de≫(반과거 : ~하고 있는 중이었다) + 동사원형은 과거 동작의 지속성을 강조한다.

- Pourquoi n'as-tu pas répondu au téléphone? Parce que j'étais en train de me doucher.
  너는 왜 전화 받지 않았니? 나는 샤워하는 중이었어.

연습문제

6 Imitez le modèle.
Ex. (avoir) Nous ... . Je ... . ➜ Nous avons. ➜ J'avais.
① (réfléchir) Nous ... . Je ... .
② (savoir) Nous ... . tu ... .
③ (vendre) Nous ... . il ... .

정답 모델을 따라 해 보시오.
① nous réfléchissons → je réfléchissais 우리는 심사숙고 하고 있다. 나는 심사숙고 하고 있었다.
② Nous savons, tu savais 우리는 안다. 너는 알고 있었다.
③ Nous vendons , il vendait 우리는 판다. 그는 팔고 있었다.

7 Écrivez les verbes à l'imparfait ou au présent.
① Il y a quelques années, Jean (voyager) beaucoup pour son travail ; maintenant il (voyager) beaucoup moins.
② Autrefois, les mariages entre personnes de nationalités différentes (être) rares ; aujourd'hui, ils (être) beaucoup plus fréquents.
③ Aujourd'hui, il (falloir) faire de longues études, mais avant, on (passer) son bac et on (trouver) facilement du travail.

정답 다음 동사들을 반과거 또는 현재로 쓰시오.
① voyageait, voyage 몇 년 전에 장은 자신의 일을 위해 여행을 많이 했었다. 지금은 여행을 훨씬 덜 한다.
② étaient, sont 옛날에 다른 국적을 가진 사람들 간의 결혼은 희귀했었다. 오늘날 그것은 훨씬 흔하다.
③ faut, passait, trouvait 오늘날, 오랫동안 공부해야하지만, 이전에는 대학입학자격시험을 통과하고 쉽게 일을 구했었다.

4 복합과거 Le passé composé

■ 형태

[조동사]

1 avoir 또는 être 동사 + 과거분사로 이뤄진다. 대부분의 경우 조동사는 avoir가 사용된다.

긍정형 : J'ai parlé 나는 말했다
　　　　 j'ai fini 나는 끝냈다
　　　　 j'ai ouvert 나는 열었다
　　　　 j'ai attendu 나는 기다렸다
　　　　 j'ai bu 나는 마셨다

부정형 : Je n'ai pas parlé 나는 말하지 않았다.
　　　　 je n'ai pas fini 나는 끝내지 않았다.
　　　　 je n'ai pas ouvert 나는 열지 않았다.
　　　　 je n'ai pas attendu 나는 기다리지 않았다.
　　　　 je n'ai pas bu 나는 마시지 않았다.

2 ≪être≫

- 이동이나 상태변화를 나타내는 몇몇 자동사는 ≪être≫와 함께 활용된다.

aller/venir 가다/오다　　　　revenir 다시 오다　　　　　　　devenir ~이 되다
arriver/partir 도착하다/떠나다　monter/descendre 올라가다/내려가다　passer 지나가다
entrer/sortir 들어가다/나가다　naître/mourir 태어나다/죽다　　retourner 돌아가다
tomber ~상태가 되다　　　　　rester 남아있다

긍정형 : Je suis parti(e). 나는 떠났다.
　　　　 Elle est née en 1995. 그녀는 1995년에 태어났다.
부정형 : Je ne suis pas parti(e). 나는 떠나지 않았다.

- 그러나 다음 동사들이 직접목적어를 동반할 경우 《avoir + 과거분사》로 사용된다.

monter 올라가다/올리다, descendre 내려가다/내리다, entrer 들어가다/들여보내다, sortir 나가다/꺼내다, passer 지나가다/~을 보내다 , retourner 돌아가다/~을 돌리다

  □ Il est sorti de la maison à midi et il a sorti <u>la voiture</u> du garage.
  　그는 정오에 집을 나섰고 차고에서 차를 꺼냈다. (직접목적어)

  □ Nous sommes passés par Blois et nous avons passé <u>l'après-midi</u> à visiter le château.
  　우리는 블루아를 지나왔고 우리는 성을 방문하는데 오후를 보냈다. (직접목적어)

• 모든 대명동사는 ≪être≫와 함께 활용된다.
긍정형 : Je me suis promené(e). 나는 산책했다.
부정형 : Je ne me suis pas promené(e). 나는 산책하지 않았다.

용법

[과거의 시간을 나타낼 때]

1 과거의 구체적인 순간에 완전히 종결된 동작

□ Qu'est-ce que vous avez fait hier? Nous sommes allés au Futuroscope de Poitiers.
어제 무얼 하셨나요? 뽀아띠에에 있는 퓌튀로스코프에 갔습니다.

□ Je suis né(e) <u>le 6 août 1994</u>.
나는 1994년 8월 6일에 태어났다.

□ Ma voisine a eu un bébé <u>il y a trois mois</u>.
내 이웃 여인은 3개월 전에 아기를 낳았다.

> **주의** 과거분사의 일치
> **Elle est allée en Israël.**
> 그녀는 이스라엘에 갔다.
> **Cette photo, elle l'a prise l'été dernier.**
> 이 사진은 그녀가 지난 해에 찍었다. (직접목적어가 avoir 조동사 보다 먼저 나오면 과거분사를 성·수에 일치)

2 누군가가 이야기할 때 동작이 연결되어 나올 때

□ <u>La nuit dernière</u>, un voleur est entré dans la maison de Madame Morel. <u>D'abord</u>, il est allé dans le salon, puis il a ouvert le tiroir du bureau et il a pris de l'argent, ensuite il est passé dans la cuisine où il a bu une bouteille de vin. <u>Enfin</u>, il est sorti doucement.
지난 밤에 도둑이 모렐 부인 집에 들어왔다. 우선, 그는 거실로 갔고 책상 서랍을 열어 돈을 가졌으며 계속해서 부엌으로 가 와인 한 병을 마셨다. 마침내 여유롭게 빠져나갔다.

> **주의** 여러 동작이 연계적으로 이어질 때 다음 표현을 흔히 사용한다. puis 그리고 , alors 그때에 , enfin 마침내, tout à coup 갑자기, soudain 돌연, …

3 한정된 시간의 동작

□ Ils ont habité <u>pendant quatre ans</u> au Vénézuela.
그들은 베네주엘라에 4년간 살았다.

□ Hier, il a plu <u>toute la journée</u>.
어제는 하루 종일 비가 내렸다.

4 현재 순간 보다 먼저 일어난 동작

□ Marion utilise encore la voiture que ses parents lui ont donnée <u>il y a 5 ans</u>.
마리옹은 부모님이 5년 전에 그에게 준 차를 아직도 사용한다.

□ Julie dort encore parce qu'elle a dansé <u>toute la nuit</u>.
쥴리는 밤새 춤을 추어서 아직도 자고 있다.

근접과거

1 근접 과거는 ≪ venir de + 동사원형≫으로 만든다.

□ Je viens de <u>parler</u>.
나는 방금 말했다.

□ Nous venons <u>d'ouvrir</u>.
우리는 조금 전에 열었다.

2 근접 과거는 어떤 동작이 조금 전에 종결된 것을 나타낸다.

□ Allô, Madame Legrand est là? Non, elle vient de sortir!
그르랑 부인 계시나요? 아니오, 조금 전에 나갔습니다.

□ On vient de construire un nouvel hôpital près de chez moi.
최근 우리 집 옆에 새 병원이 지어졌다.

연습문제

8 Mettez les verbes au présent ou au passé composé.
① L'hiver en France, il (neiger) peu sauf en montagne, mais l'hiver dernier, il y (avoir) de la neige partout.
② Qu'est-ce qu'il y (avoir) pour le dîner ce soir ? Je (avoir) très faim parce que je (jouer) au foot toute la journée.
③ Pardon Madame, vous (attendre) l'autobus depuis longtemps ? Oui, depuis au moins dix minuites. Il (ne pas passer) très souvent ; hier, je le (attendre) presque vingt minutes.

정답 다음 동사들을 현재 또는 복합과거로 쓰시오.
① neige, a eu 프랑스에서는 겨울에 산악지대를 제외하고는 눈이 별로 내리지 않지만, 지난 겨울에는 도처에 눈이 있었다.
② a, J'ai, j'ai joué 오늘 저녁 식사 뭐야? 나는 종일 테니스를 해서 몹시 배가 고파.
③ attendez, ne passe pas, je l'ai attendu 부인, 오래 전부터 버스를 기다리세요? 네, 적어도 10분 전부터 기다리고 있습니다.

9 Mettez les verbes au passé composé, en employant l'auxiliaire «être» ou l'auxiliaire « avoir».

① Où est Jean? Il (sortir).
  - Didier (sortir) les valises du coffre de la voiture.
② Je (rentrer) mon vélo dans le garage.
  - Nous (rentrer) de promenade à 8h du soir.
③ Est-ce que vous (monter) en haut de l'Arc-de-Triomphe?
  - La vieille dame (monter) lentement les quatre étages.

> **정답** 조동사 être 또는 avoir를 이용해 다음 동사들을 복합과거로 써보시오.
> ① est sorti, a sorti 쟝은 어디 있나요? 나갔습니다.
>   디디에는 자동차 트렁크에서 가방들을 꺼냈습니다.
> ② J'ai rentré, Nous sommes rentrés 나는 자전거를 차고에 넣었다.
>   우리는 산책에서 저녁 8시에 돌아왔다.
> ③ êtes monté(s), a monté 개선문 위쪽에 올라가셨나요?
>   할머니는 천천히 4개 층을 올라갔다.

10 Faites des phrases au passé composé en utilisant : «longtemps, pendant une heure, en très peu de temps, toute la journée».
Ex. Pleuvoir. ➜ Il a plu toute la journée.

① Travailler sans arrêt.
② Trouver une chambre à louer.
③ Attendre l'autobus.

> **정답** ≪longtemps 오랫동안, pendant une heure 1시간 동안, en très peu de temps 짧은 시간 동안, toute la journée 하루 종일≫을 이용해 복합과거 문장을 만들어 보시오.
> [보기] 비오다 → 하루 종일 비가 왔다.
> ① Il a travaillé toute la journée. 쉬지 않고 일하다 → 그는 하루 종일 일했다.
> ② Il a trouvé une chambre à louer en très peu de temps.
>   임대할 방을 찾다 → 그는 짧은 시간에 임대할 방을 찾았다.
> ③ Il a attendu l'autobus pendant une heure. 버스를 기다리다 → 그는 한 시간 동안 버스를 기다렸다.

5 반과거와 복합과거

■ 과거 시제는 반과거와 복합과거를 사용한다

반과거는 하나의 선처럼 상황을 묘사한다. : ——————
　　　　　　　　　　　　　　　　　　　상황

복합과거는 하나의 점처럼 동작을 나타낸다. : ------●------
　　　　　　　　　　　　　　　　　　　　　　동작

□ Monsieur Bernard dormait quand tout à coup, le téléphone a sonné.
  베르나르 씨는 자고 있었는데 갑자기 전화벨이 울렸다.

현재 시제에서는 동작이나 상황 모두 한 가지 시제로 나타낸다.
Aujourd'hui, je sors parce qu'il fait beau. 오늘 날씨가 좋아서 외출한다.
　　　　　(동작)　　　　(상황)

그러나 과거에서는 반과거와 복합과거 가운데 선택해서 사용한다.
Hier, je suis sorti parce qu'il faisait beau. 어제, 날씨가 좋아서 나는 외출했다.
　　　(동작)　　　　　　(상황)

과거 시제의 몇몇 표지

hier 어제	la semaine dernière 지난 주에	l'été dernier 지난 여름
autrefois 옛날에	il y a huit jours 8일 전에	à ce moment-là 그때에
avant-hier 그저께	au XIXᵉ siècle 19세기에	cette année-là 그 해에

연습문제

11 Mettez les verbes à l'imparfait ou au passé composé.
　① Quand nous (être) enfants, nous (passer) toujours nos vacances au bord de la mer, mais en 1999 nous (faire) un grand voyage avec nos parents.
　② Anna (avoir) vingt ans quand elle (épouser) Christophe.
　③ Patrick et Claire (habiter) plusieurs années à Bordeaux et ils (avoir) beaucoup d'amis.

> **정답** 다음 동사를 반과거 또는 복합과거로 쓰시오.
> ① étions, passions, avons fait 우리가 어릴 때 우리는 늘 바닷가로 바캉스를 가곤 했다. 하지만 1999년 우리는 부모님과 먼 여행을 했다.
> ② avait, a épousé 안나는 크리스토프와 결혼했을 때 스무 살이었다.
> ③ ont habité, avaient 빠트릭과 끌레르는 보르도에서 몇 년 살았고 그들은 많은 친구들이 있었다.

12 Mettez le texte au passé.
　C'est dimanche. Il fait froid. Marc est assis près de la cheminée et il lit un bon roman. Tout à coup, il entend sonner. Il se lève et il ouvre la porte : c'est son ami Jean qui lui demande s'il veut aller au cinéma.

> **정답** 다음 글을 과거로 써보시오.
> C'était dimanche. Il faisait froid. Marc était assis près de la cheminée et il lisait un bon roman. Tout à coup, il a entendu sonner. Il s'est levé et il a ouvert la porte : c'était son ami Jean qui lui a demandé s'il voulait aller au cinéma.
> 일요일이었다. 날씨가 추웠다. 마르크는 벽난로 가까이 앉아있었고 좋은 소설을 한 권 읽고 있었다. 갑자기 벨이 울리는 소리를 들었다. 그는 일어나 문을 열었다. 그의 친구 장이었는데 그에게 영화 보러 가고 싶냐고 물었다.

6　대과거

형태

대과거는 조동사 avoir 또는 être의 반과거 + 과거분사로 만든다.

1 조동사 avoir

긍정형 : J'avais parlé, j'avais fini, j'avais ouvert, j'avais attendu, j'avais bu

부정형 : Je n'avais pas parlé, je n'avais pas fini, je n'avais pas ouvert, je n'avais pas attendu, je n'avais pas bu

2 조동사 être

긍정형 : J'étais parti(e). Elle s'était levée.

부정형 : Je n'étais pas parti(e). Elle ne s'était pas levée.

용법

과거의 다른 동작보다 먼저 일어난 동작을 나타내는데 대과거를 사용한다.

- Odille <u>est partie</u> hier en vacances. Avant de partir, elle avait réservé son billet d'avion dans une agence de voyages.
  오딜은 어제 바캉스를 떠났다. 떠나기 전에 그녀는 여행사에서 비행기 표를 예약했었다.

- Le jardin <u>était</u> tout mouillé. Il avait plu toute la nuit.
  정원은 완전히 젖어 있었다. 밤새 비가 왔었다.

  주의 다음과 같이 시제의 일치에 주의 해di한다.
  Il me <u>dit</u> qu'il a passé un bon dimanche.
  그는 내게 일요일을 잘 보냈다고 말한다.
  Il m'a <u>dit</u> qu'il avait passé un bon dimanche.
  그는 일요일을 잘 보냈다고 내게 말했다.

> 연습문제

13 Mettez le premier verbe au passé composé et le deuxième au plus-que-parfait.

① Le navigateur raconte qu'il a vu beaucoup de baleines pendant la traversée de l'Atlantique.
② L'agent de police arrête la voiture. Le conducteur est passé au feu rouge.
③ Je lui dis ce qui est arrivé pendant son absence.

> **정답** 첫 번째 동사를 복합과거로 두 번째 동사를 대과거로 쓰시오.
> ① a raconté qu'il avait vu 항해사는 그가 대서양을 건널 때 많은 고래를 봤다고 말했다.
> ② a arrêté, était passé 경찰관은 차를 세웠다. 운전자는 빨간 불에서 지나갔었다.
> ③ Je lui ai dit ce qui était arrivé 나는 그가 없을 때 일어난 일들을 말해 주었다.

14 Complétez les phrases par un passé récent et un futur proche.
Ex. Ils … avoir un enfant ; leur vie … changer. ➜ Ils viennent d'avoir un enfant ; leur vie va changer.

① Fabien … avoir son bac. Qu'est-ce qu'il … faire l'an prochain?
② Max est là? Non, il … sortir ; il … revenir dans quelques instants.
③ Irina … m'appeler sur mon portable. Elle … passer me voir.

> **정답** 다음 문장을 근접과거와 근접미래로 완성시키시오.
> [보기] 그들은 최근 아기를 가졌다. 그들의 삶은 바뀔 것이다.
> ① vient d'avoir, il va faire 파비엥은 얼마 전에 대학입학자격시험을 통과했다. 그는 내년에 무엇을 하려고 하나?
> ② vient de sortir, il va revenir 막스는 조금 전에 외출했다. 그는 곧 돌아온다.
> ③ vient de m'appeler, elle va passer 이리나는 조금 전에 내 휴대폰에 전화했다. 그녀는 곧 나를 보러 올 것이다.

15 Mettez les verbes au temps convenable.

① Je (rencontrer) Matthieu il y a deux ans, le 20 décembre 2011. Je (vivre) avec lui depuis un an. Dans dix ans, est-ce que Matthieu et moi, nous (vivre) encore ensemble?
② Le matin, généralement je (se lever) vers 8h, mais jeudi dernier, je (se lever) à 5h du matin parce que je (vouloir) partir très tôt.
③ Albon (naître) en 1950, maintenant il (avoir) 62 ans et en l'an 2050. il (fêter) ses 100 ans!

> **정답** 알맞은 시제로 동사를 쓰시오.
> ① J'ai rencontré, Je vis, Nous vivons
> 나는 마띠유를 2년 전인 2011년 12월 20일에 만났다. 1년 전부터 그와 같이 살고 있다. 마띠유와 나, 우리는 10년 뒤에도 같이 살고 있을까?
> ② je me lève, je me suis levé, je voulais 아침에 일반적으로 나는 8시쯤 일어나지만, 지난 목요일 나는 일찍 떠나려고 5시에 일어났다.
> ③ est né, il a , il fêtera
> 알봉은 1950년에 태어났고 지금 62세이며 2050년에는 100세를 맞게 된다.

16 Quelle est la phrase correcte?

① Quand je suis arrivé,
　□ il pleuvait.　　　　　　　　　　　□ il a plu.

② Il m'a téléphoné pendant que
　□ j'ai dîné.　　　　　　　　　　　　□ je dînais.

③ Il a passé son bac quand
　il a eu 16 ans.　　　　　　　　　　□ il avait 16 ans.

> **정답** 다음 중 맞는 문장은?
> ① il pleuvait 내가 도착했을 때 비가 내리고 있었다.
> ② je dînais 내가 저녁을 먹고 있을 때 그가 내게 전화했다.
> ③ il avait 16 ans. 그는 16세에 대학입학자격시험을 통과했다.

17 Imitez le modèle.
Ex. Avant, je n'aimais pas marcher. L'été dernier, j'ai fait de la randonnée avec des copains. Maintenant, j'adore marcher.

① Dans mon enfance, je / détester le fromage - une fois, goûter du camembert - maintenant, manger souvent du fromage.

② Quand je / être petit, avoir peur de l'eau - une année, passer des vacances au bord de la mer - maintenant, adorer se baigner.

③ Jusqu'à 12 ans, je / être très timide - jouer dans une pièce de théâtre à l'école - depuis, avoir confiance en moi.

> **정답** [보기]를 따라해 보시오.
> [보기] 전에 나는 걷기를 좋아하지 않았다. 지난 여름, 친구들과 도보여행을 했다. 지금은 걷는 것을 매우 좋아한다.
> ① je détestais, j'ai goûté, je mange
> 　나는 치즈를 싫어했다. 까망베르 치즈를 한번 먹어보고 나서 나는 치즈를 자주 먹는다.
> ② j'étais petit, j'avais peur, j'ai passé, j'adore me baigner
> 　어릴 때 나는 물을 무서워했다. 어느 해 휴가를 바닷가에서 보내고 나서 나는 수영을 무척 좋아한다.
> ③ j'étais très timide, j'ai joué, j'ai confiance en moi
> 　어린 시절 나는 소심했다. 학교에서 연극을 하고 나서 나 자신에 대한 확신이 생겼다.

18 Mettez les verbes aux temps convenables.

Diane a 25 ans. Elle (être) hôtesse de l'air à Air-France. Quand elle (être) enfant, elle (voyager) avec ses parents qui (être) diplomates. Ça lui (donner) le goût d'apprendre les langues. Maintenat, elle (faire) partie de l'équipage Paris-Séoul, mais dans quelques mois, elle (changer) de ligne. Elle ne (savoir) pas encore où elle (aller). Elle ne (avoir) jamais d'accident en vol, et elle (espérer) qu'elle n'en (avoir) jamais!

> **정답** 다음 동사들을 알맞은 시제로 쓰시오.
> elle est, elle était, voyageaient, étaient, a donné, fait, changera, sait, ira, n'a jamais eu, elle espère qu'elle n'en aura jamais
> 디안은 25세이다. 그녀는 에어프랑스 스튜어디스이다. 그녀가 어린이일 때 외교관이었던 부모님과 여행했다. 그것은 그녀에게 외국어 습득에 대한 취향을 주었다. 지금 그녀는 빠리-서울 팀의 일원이지만 몇 달 뒤에 그녀는 노선을 변경한다. 그녀는 어디로 갈 지 아직은 모른다. 그녀는 비행사고는 겪지 않았고 앞으로도 전혀 없기를 바란다.

19 Présent ou passé composé?

① La nuit dernière, je (dormir) dix heures ; aujourd'hui, je (être) en pleine forme!

② Bill et sa femme (visiter) plusieurs régions de France, mais ils (ne pas encore connaître) la Provence.

> **정답** 현재, 복합과거 가운데 무엇을 써야하나?
> ① j'ai dormi, je suis 지난밤에 10시간을 잤다. 오늘 컨디션이 아주 좋다.
> ② ont visité, ne connaissent pas encore 빌 내외는 프랑스의 여러 지방을 여행했지만, 아직 프로방스는 모른다.

20 Imparfait ou passé composé?

① Dimanche dernier, je (se lever) à 7h, je (prendre) le train pour Chartres, je (arriver) à 9h, je (visiter) la cathédrale. Tous les vitraux (briller) au soleil.

② Hier, nous (passer) la journée à la plage, nous (se baigner).

③ Autrefois, Sylvie et moi, nous (monter) à cheval tous les samedis, mais une fois, je (faire) une chute et je (rester) immobilisé pendant six mois!

> **정답** 반과거인가 복합과거인가?
> ① je me suis levé, j'ai pris, je suis arrivé, j'ai visité, brillaient
> 지난 일요일에 나는 7시에 일어났고 샤르트르행 열차를 탔고, 9시에 도착해서 성에 가보았다. 모든 스테인 드글라스가 빛나고 있었다.
> ② nous avons passé, nous nous sommes baignés
> 어제 우리는 해변에서 한나절을 보냈고 수영을 했다.
> ③ Nous montions, j'ai fait, je suis resté
> 전에 실비와 나는 토요일마다 승마를 했지만 한번은 내가 말에서 떨어져 6개월 동안 움직이지 못했다.

21 Imparfait, passé composé ou plus-que-parfait?

① Je (perdre) le joli collier que je (acheter) en Italie l'été dernier. Quel dommage!

② Est-ce que Marie est chez elle à cette heure-ci? Oui, je lui (téléphoner) il y a 5 mn, elle (rentrer) déjà.

③ Ce matin, je (être) en retard ; je (courir) jusqu'au métro et je (voir) que je (oublier) mon Navigo.

> **정답** 반과거, 복합과거, 대과거 가운데 골라 써보시오.
> ① j'ai perdu, j'avais acheté
> 나는 지난여름 이탈리아 여행에서 산 예쁜 목걸이를 분실했다. 정말 안타깝다.
> ② je lui ai téléphoné, elle était déjà rentrée
> 마리는 이 시간에 집에 있을까? 나는 마리에게 5분 전에 전화했는데 이미 집에 들어와 있었다.
> ③ j'étais, j'ai couru, j'ai vu que j'avais oublié
> 오늘 아침 지각했다. 지하철까지 달려갔고 교통카드를 잊었다는 것을 알았다.

22 Mettez les verbes au passé.

François et moi, nous sommes assis dans un train qui va en Suisse. Nous avons quitté Paris à 7h du matin. Je lis un journal et en face de moi, François dort. Vers 10h, le contrôleur passe et demande les billets. Un des voyageurs cherche son billet pendant cinq minutes. Finalement, il le retrouve. Le billet est tombé sous son siège.

> **정답** 다음 동사를 과거로 써보시오.
> nous étions assis, qui allait, Nous avions quitté, je lisais, dormait, est passé, a demandé, a cherché, il l'a retrouvé, était tombé
> 프랑스와 나는 스위스 행 열차에 앉아있었다. 우리는 오전 7시에 빠리를 떠났다. 나는 신문을 읽고 있었고 내 앞에서 프랑스와는 자고 있었다. 10시쯤 검표원이 지나가며 표를 보자고 했다. 여행자 가운데 한명은 5분 동안 표를 찾았다. 마침내 그는 표를 찾았다. 표는 의자 밑에 떨어져 있었다.

DELF A1

Conjuguez les verbes entre parenthèses aux temps corrects du passé.

Mon cher Philippe.
L'année dernière à Lyon, tu (dire) qu'il (falloir) passer les épreuves du DELF 1er degré. Alors, je (s'inscrire) à l'unité A1. Je (obtenir) facilement cet examen grâce aux cours de français que tu (me donner) à l'institut de français. Tous les étudiants de la classe (s'amuser) quand nous (faire) les jeux de rôle. Un jour mon ami Nick (monter) sur une chaise pour imiter un chanteur ; le pied de la chaise (se casser) et il (tomber). Heureusement, il (ne pas se faire mal) et toute la classe (rire) aux éclats. C'(être) le bon temps.

Mes amitiés
Michel

> **정답** 괄호안의 동사를 알맞은 과거 시제로 쓰시오.
> tu as dit qu'il fallait, je me suis inscrit, J'ai obtenu facilement, tu m'avais donnés, s'amusaient quand nous faisions, est monté, s'est cassé, il est tombé, il ne s'est pas fait mal, a ri, C'était
>
> 정다운 필립
> 지난 해 리용에서 너는 DELF 1단계를 통과해야한다고 말했다. 그래서 나는 A1을 신청했다. 나는 네가 학원에서 강의해준 덕에 쉽게 취득했다. 우리가 역할놀이를 할 때 모든 학생들은 재미있어 했다. 어느 날 내 친구 닉은 어느 가수를 흉내 내려고 의자 위에 올라갔다. 의자 다리가 부서졌고 그는 떨어졌다. 다행히 그는 다치지 않았고 학급 전체는 크게 웃었다. 좋은 시간이었다.
>
> 우정을 보내며
미셸

05 Que가 이끄는 직설법 절

사실이나 확신을 나타내는 동사 다음에 직설법을 사용한다.

1 ≪que≫ + 직설법

On annonce qu'un groupe de rock donnera un concert samedi soir.
　　(주절)　　　　　　　　　　　　　　　　(종속절)
사람들은 록 그룹이 토요일 저녁 공연을 할 것이라고 알렸다.

이 문장은 주절과 접속사 que가 이끄는 종속절로 연결된다.
주절 동사가 다음의 역할을 할 때 종속절의 동사는 직설법이다.

1 선언하다, 소통하다

dire 말하다, téléphoner 전화하다, répondre 대답하다, écrire 글쓰다, raconter 이야기하다, savoir ~인지 알다

- Madame Moret téléphone à sa secrétaire qu'elle arrivera vers midi au bureau.
  모레 부인은 비서에게 정오쯤에 사무실에 도착할 것이라고 전화한다.

- Damien m'écrit qu'il est très content à l'université de Bordeaux.
  다미엥은 내게 그가 보르도 대학에 매우 만족해 한다고 편지한다.

2 의견을 나타내다

penser 생각하다, croire 믿다, espérer 희망하다, trouver ~라고 여기다, avoir l'impression ~라는 인상을 갖다

- Je crois qu'on a le temps d'aller prendre un café avant le cours.
  나는 수업 전에 커피 마시러 갈 시간이 있다고 생각한다.

□ Beaucoup de gens trouvent que la vie dans les grandes villes est stressante.
　많은 사람들은 대도시에서의 삶은 스트레스를 받는다고 생각한다.

3 확신을 표현하다

être sûr(e) 확실하다. être certain(e) 분명하다. c'est sûr ~는 확실하다. c'est certain ~는 분명하다. c'est évident ~는 명백하다

□ Je suis sûr que ce restaurant est ouvert jusqu'à minuit.
　나는 이 레스토랑이 자정까지 연다고 확신한다.

□ C'est évident qu'il ne faut pas partir seul en haute montagne.
　높은 산을 혼자 올라서 안되는 것은 분명한 일이다.

연습문제

1 Utilisez ces verbes pour compléter ces phrases : «c'est certain, c'est évident, raconte, a l'impression, croit».
① M. Legros ... à tout le monde qu'il est riche, qu'il possède une belle maison et qu'il a une femme ravissante.
② Kristina arrive de Pologne, elle n'ose pas parler mais ... qu'elle comprend bien.
③ Pauline voudrait se marier avec Benoît, mais elle ... qu'il n'est pas encore décidé.

정답 문장을 완성하기 위해 다음 표현 ≪c'est certain, c'est évident, raconte, a l'impression, croit≫을 사용하시오.
① racone 르그로 씨는 자신이 부유하고 멋진 집과 매혹적인 아내를 갖고 있다고 모든 사람에게 말한다.
② c'est certain/c'est évident 크리스티나는 폴란드에서 왔고 과감하게 말하지는 않지만 그녀가 이해를 잘 하는 것은 분명하다.
③ a l'impression 뽈린은 브느와와 결혼하기를 원하지만 그녀는 그가 아직 결심하지 않은 것 같은 인상을 받고 있다.

2 시제의 일치

□ À la radio, on annonce qu'il pleuvra demain.
　라디오에서 내일 비가 온다고 예보한다.

□ À la radio, on a annoncé qu'il pleuvrait demain.
　　　　　　　(주절)　　　　　　(종속절)
　라디오에서 내일 비가 올 것이라고 예보했다.

주절 동사가 첫 번째 문장에서는 현재, 두 번째 문장에서는 과거이다. 이 경우 조건법 현재를 사용하며 시제의 일치를 해야 한다.

주절 동사가 현재일 때

1 모든 동작이 현재에 일어날 때

두 동작이 동시에 일어날 경우

- Émilie me dit qu'elle <u>travaille</u> chez elle <u>cet après-midi</u>.
  (주절동사 현재)　　　　　(종속절 동사 현재)

  에밀리는 오늘 오후에 자기 집에서 일한다고 내게 말한다.

2 종속절이 완전히 종결된 동작을 나타낼 때

복합과거 또는 근접과거로 종속절 동작이 주절 보다 먼저 일어난 경우

- Émilie me dit qu'elle <u>a fini</u> son travail.
  (maintenant) (avant = 복합과거)

  에밀리는 자신이 일을 끝냈다고 내게 말한다.

- Émilie me dit qu'elle <u>vient de finir</u> son travail.
  (근접과거)

  에밀리는 내게 자신이 방금 일을 끝냈다고 내게 말한다.

3 종속절 동사가 앞으로 일어날 일을 나타낼 때

미래 또는 근접미래를 사용한다. 종속절의 동작은 주절 동작보다 뒤에 일어난다.

- Émilie me dit qu'elle <u>ira</u> à la chorale <u>demain</u>.
  (maintenant)　　(après=미래)

  에밀리는 자기가 합창단에 갈 것이라고 내게 말한다.

- Émilie me dit qu'elle <u>va aller</u> à la chorale <u>ce soir</u>.
  (근접미래)

  에밀리는 내게 자기가 오늘 저녁 합창단에 갈 거라고 말한다.

주절 동사가 과거일 때

시제의 일치에 따라 종속절 동사도 과거가 되어야한다.

1 현재는 반과거가 된다.

- Émilie me dit qu'elle reste chez elle.

  에밀리는 내게 자기가 집에 머문다고 말한다.

  → Émilie m'a dit qu'elle <u>restait</u> chez elle cet après-midi.

  에밀리는 내게 자기가 오늘 오후에 집에 있다고 말했다.

2 복합과거는 대과거가 된다.

□ Émilie me dit qu'elle a fini son travail.
에밀리는 내게 자기가 일을 끝냈다고 말한다.

→ Émilie m'a dit qu'elle <u>avait fini</u> son travail.
에밀리는 내게 자기가 일을 끝냈다고 말했다.

3 근접과거는 반과거인 ≪venir de≫ + 동사원형이 된다.

□ Émilie me dit qu'elle vient de finir son travail.
에밀리는 내게 자기가 방금 일을 끝냈다고 말한다.

→ Émilie m'a dit qu'elle <u>venait de</u> finir son travail.
에밀리는 내게 자기가 방금 일을 끝냈다고 말했다.

4 과거에 있어서의 미래는 조건법 현재의 형태가 된다.

□ Émilie me dit qu'elle ira à la chorale.
에밀리는 내게 자기가 합창단에 갈 것이라고 말한다.

→ Émilie m'a dit qu'elle irait à la chorale.
에밀리는 내게 자기가 합창단에 갈 것이라고 말했다.

5 근접미래는 반과거인 ≪aller≫ + 동사원형이 된다.

□ Émilie me dit qu'elle va aller à la chorale.
에밀리는 내게 자지가 곧 합창단에 간다고 말한다.

→ Émilie m'a dit qu'elle allait aller à la chorale.
에밀리는 내게 자기가 곧 합창단에 간다고 말했다.

연습문제

2 Mettez le verbe au temps convenable.
① Il a beaucoup travaillé. Tout le monde est sûr qu'il (réussir) son examen.
② Matthias a passé un an à l'étranger. Je trouve qu'il (changer).
③ Elle ne parle pas beaucoup. C'est vrai qu'elle (être) très timide.

정답 알맞은 시제로 동사를 써보시오.
① réussira 그는 열심히 공부했다. 모든 사람은 그가 시험에 성공할 것이라고 확신한다.
② a changé 마티아스는 해외에서 1년을 보냈다. 나는 그가 변했다고 생각한다.
③ est 그녀는 말을 많이 하지 않는다. 그녀가 소심한 것은 사실이다.

3 Récrivez la phrase en faisant la concordance des temps.
① Je crois que la banque est encore ouverte.
  – Je croyais ... .
② Tout le monde espère qu'il fera beau pendant le week-end.
  – Tout le monde espérait ... .

③ Il me dit qu'il a déjà vu ce film.
  – Il m'a dit ... .

> **정답** 시제를 일치시키며 문장을 다시 써보시오.
> ① Je croyais que la banque était encore ouverte.
>   나는 은행이 아직 열려있다고 생각했다.
> ② Tout le monde espérait qu'il ferait beau pendant le week-end.
>   모든 사람은 주말에 날씨가 좋기를 바랐다.
> ③ Il m'a dit qu'il avait déjà vu ce film.
>   그는 내게 자기는 이미 그 영화를 봤다고 말했다.

4 Commencez les phrases par «je trouve que» ou «je suis sûr que».
Ex. Ce tableau : ... que les couleurs sont affreuses. ➡ Je trouve qu'elles sont affreuses.
Ce tableau : ... que personne ne voudra l'acheter ➡ Je suis sûr que personne ne voudra l'acheter.
① La nouvelle directrice de la banque.
  ... qu'elle a beaucoup d'autorité.
  ... qu'elle réussira très bien dans cette fonction de direction.
② La loi limitant à 35 heures la semaine de travail.
  ... que payer 35h comme 39h, ce sera dur pour certaines entreprises.
  ... que les loisirs, c'est plus important que tout!
③ La dernière réforme de l'enseignement.
  ... qu'elle sera vite remplacée par une autre.
  ... qu'elle ne change rien.

> **정답** 다음 문장을 ≪je trouve que≫ 또는 ≪je suis sûr que≫로 시작해보시오.
> [보기] 이 그림, 나는 색채들이 끔찍하다고 생각한다.
>   이 그림, 나는 아무도 이 그림을 사려고 하지 않을 것으로 확신한다.
> ① je trouve, je suis sûr
>   나는 은행의 새 여성 은행장이 많은 권위가 있다고 생각한다.
>   나는 그 그녀가 지휘하는 일에서 성공을 거둘 것으로 확신한다.
> ② je suis sûr, je trouve
>   주 35시간 노동으로 제한하는 법. 35시간 노동을 39시간처럼 지불하면 몇몇 기업은 힘들 것으로 생각한다.
>   나는 레저가 무엇보다 중요하다고 확신한다.
> ③ je suis sûr, je trouve
>   최근 교육개혁. 나는 조속히 다른 개혁으로 대체 될 것으로 확신한다.
>   나는 아무 것도 바꾸지 않는다고 생각한다.

5 Mettez les verbes aux temps qui conviennent.
① Vous ne voulez vraiment pas goûter ces escargots de Bourgogne! Je vous assure qu'ils (être) délicieux. - Non, je déteste ça, je trouve que les escargots, ce (être) dégoûtant.
② Denis m'a téléphoné qu'il (être) en panne sur l'autoroute, qu'il (attendre) la voiture de dépannage et qu'il (arriver) quand il pourrait. - Je lui ai répondu que je (être) fatiguée et que je (se coucher) sans l'attendre.

③ Caroline m'a indiqué que la route départementale D5 (traverser) des endroits très jolis mais qu'elle (tourner) beaucoup. J'ai trouvé en effet que les paysages (être) très beaux mais qu'il ne (falloir) pas oublier de regarder la route pour ne pas se retrouver dans les champs!

> **정답** 알맞은 시제로 동사를 써보시오.
> ① ils sont, c'est
> 당신은 정말로 부르고뉴 달팽이 요리를 맛보고 싶지 않으세요? 나는 정말 맛있다고 분명히 말씀드릴 수 있습니다. 아뇨, 싫어요. 나는 달팽이가 역겨워요.
> ② il était, il attendait. il arriverait, j'étais fatiguée, que je me coucherais
> 드니는 내게 고속도로에서 고장이 났고 수리차를 기다리고 있고, 가능해지면 도착할 것이라고 전화했다. 나는 피곤하고 그를 기다리지 않고 잘 것이라고 대답했다.
> ③ traverserait, elle tournait, étaient, il ne fallait pas
> 까롤린은 내게 D5 지방도로는 아주 아름다운 곳들을 지나겠지만 많이 돈다고 지적했다. 역시 경치는 좋다고 생각했지만 밭으로 가지 않으려면 도로를 보는 것을 잊어서는 안 되었다.

DELF B2

6 Transmettez le message suivant à Christian en suivant les indications données. Faites les transformations nécessaires.

Bonjour Christian,
J'ai travaillé tout l'été et je n'ai eu que quelques jours de congé. Je suis allée à Montréal une seule fois. Je prends des vacances en septembre à Paris.
J'arriverai le 11 septembre, je resterai jusqu'au jeudi suivant. J'espère que je pourrai te voir. Téléphone-moi.

Bonne fin d'été.
Marie-Fleurette

Christian, tu as reçu un message de Marie. Elle t'a écrit qu'elle avait travaillé tout l'été, qu'elle n' ... et qu'elle ... .
Elle a dit aussi qu'elle pre..., qu'elle arriv... et qu'elle rest.... .
Elle espère qu'elle p... .
Elle te demande de ... et te souhaite... .

> **정답** 크리스티앙에게 보내는 메시지를 다음 지적 사항에 따라 변화시키시오. 필요한 변형을 하시오.
> 안녕 크리스티앙
> 나는 여름 내내 일했고 휴가가 며칠 밖에 없었어. 몬트리올에 한 번 갔어. 나는 9월에 빠리로 바캉스를 간다. 나는 9월 11일에 도착해서 다음 목요일 까지 머물 것이다. 너를 보기 원한다. 전화해.
> 여름의 끝을 잘 보내.
마리-플뢰레트

qu'elle n'avait eu que quelques jours de congé et qu'elle n'était allée à Montréal qu'une seule fois.
... qu'elle prendrait des vacances en septembre et qu'elle arriverait le 11 septembre et qu'elle resterait jusqu'au jeudi suivant.
... qu'elle pourra te voir.
... de lui téléphoner et te souhaite de passer une bonne fin d'été

06 접속법

접속법은 항상 종속절에서 사용되며 의무, 가능성, 감정 등을 나타내는 동사 다음에 쓰인다.

1 접속법의 형태

1 직설법 현재 3인칭 복수의 어간을 바탕으로 만든다.

모든 동사의 어미는 다음과 같다. : e, es, e, ions, iez, ent

직설법 현재 　 접속법
1군 동사 : ils parl-ent 　 → 　 que je parl-e
2군 동사 : ils finiss-ent 　 → 　 que je finiss-e
3군 동사 : ils part-ent 　 → 　 que je part-e

	1군 동사 **parler** 말하다	2군 동사 **finir** 끝내다, 끝나다	3군 동사 **partir** 떠나다
que je	parl-e	finiss-e	part-e
que tu	parl-es	finiss-es	part-es
qu'il / elle	parl-e	finiss-e	part-e
que nous	parl-ions	finiss-ions	part-ions
que vous	parl-iez	finiss-iez	part-iez
qu'ils / elles	parl-ent	finiss-ent	part-ent

모든 동사에 있어서 3인칭 단수와 복수의 발음은 같다.

2 두 가지 어간을 쓰는 몇몇 3군동사

- je, tu, il, ils은 3인칭 복수 어간을 바탕으로 만들고

ils vienn-ent 　　　 que je vienn-e

(오다 : 직설법 현재)　　que tu vienn-es
　　　　　　　　　　　qu'il vienn-e
　　　　　　　　　　　qu'ils vienn-ent

- nous, vous는 1인칭 복수 어간으로 만든다.

nous ven-ons　　　　que nous ven-ions
(직설법 현재형)　　　que vous ven-iez

다음 동사 venir 오다, revenir 다시 오다, devenir ~이 되다, tenir 잡다, obtenir 취득하다, apprendre 익히다, comprendre 이해하다, boire 마시다, recevoir 받다 등은 위의 규칙을 따른다.

3 조동사의 접속법

	être	avoir
que je	sois	aie
que tu	sois	aies
qu'il/elle	soit	ait
que nous	soyons	ayons
que vous	soyez	ayez
qu'ils/elles	soient	aient

주절 동사가 첫 번째 문장에서는 현재, 두 번째 문장에서는 과거이다. 이 경우 조건법 현재를 사용하며 시제의 일치를 해야 한다.

> **주의** 다음 동사들은 불규칙한 어간을 갖는다.
>
> **Faire** ~하다　　　　que je fasse
> **Savoir** 알다　　　　que je sache
> **Pouvoir** ~가능하다　que je puisse
> **Aller** 가다　　　　　que j'aille
> 　　　　　　　　　　(que nous allions)
> **Vouloir** ~을 원하다　que je veuille
> 　　　　　　　　　　(que nous voulions)

2 접속법의 용법

접속법은 ≪que≫가 이끄는 절에서 만나게 된다.

□ **Nous sommes très contents que vous acceptiez notre invitation.**
　우리의 초대를 수락하셨다니 우리는 매우 기쁩니다.

주절이 다음의 동사를 사용하면 ≪que≫가 이끄는 종속절에서 접속법을 쓴다.

1 의무, 의지

il faut que ~해야 한다, je veux que 나는 ~를 원한다, …

- <u>Il faut</u> que je parte tout de suite.
  나는 바로 떠나야 한다.

- Le directeur ne <u>veut</u> pas qu'un élève sorte sans permission.
  교장은 학생이 허락 없이 나가는 것을 원치 않는다.

  주의 접속법 현재는 미래도 나타낸다. 접속법 미래는 존재하지 않는다.
  Il faut que j'aille chercher ma soeur à l'aéroport demain.
  나는 내일 공항으로 누이를 찾으러 가야한다.

2 가능성, 의혹

il est possible que ~는 가능하다, je ne suis pas sûr que 나는 ~가 확실하지 않다, …

- <u>Il est possible</u> que nous déménagions bientôt.
  우리는 곧 이사할 수도 있다.

- <u>Je ne suis pas sûr</u> que ce magasin soit ouvert jusqu'à 20h.
  이 가게가 오후 8시까지 여는지 확실하지 않다.

  주의 다음과 같이 의견을 나타내는 동사 croire ~라고 믿다, penser 생각하다, trouver ~라고 여기다, être sûr ~는 분명하다 등은 특히 부정으로 사용되면 종속절에서 접속법이 사용될 수 있다.
  Je <u>ne suis pas sûr(e)</u> qu'il vienne.
  나는 그가 올지 확실하지는 않다.
  Je <u>ne pense pas</u> que ce film soit pour les enfants.
  나는 이 영화가 어린이를 위한 것이라고 생각하지 않는다.

3 감정, 평가, 판단

je préfère que 나는 ~을 더 선호해한다   j'ai peur que 나는 ~을 겁낸다
j'ai envie que 나는 ~을 하고 싶다   j'aime mieux que 나는 ~을 더 좋아한다
je suis content que 나는 ~에 만족해한다   je suis désolé que 나는 ~을 유감으로 생각한다
c'est important que ~는 중요하다   il est dommage que ~는 유감이다…

- Aujourd'hui, il n'est pas libre, <u>il aimerait mieux</u> que tu viennes demain.
  오늘 그는 시간이 없다. 그는 네가 내일 오는 것을 더 좋아한다.

- <u>Je suis désolé</u> que votre père soit malade.
  당신 아버지가 편찮다니 유감입니다.

- **C'est important** que vous sachiez employer le subjonctif.
  당신이 접속법을 사용할 줄 아는 것은 중요한 일이다.

직설법이냐 접속법이냐?

다음을 비교해보자.

- **Je crois qu'il** partira demain. (판단 = 직설법)
  나는 그가 내일 떠날 것으로 생각한다.

- Il **faut qu'il** parte demain. (의무 = 접속법)
  그는 내일 떠나야한다.

- Le professeur **dit que** je fais des progrès. (선언 = 직설법)
  선생님은 내가 발전한다고 말한다.

- Le professeur **est satisfait que** je fasse des progrès. (감정 = 접속법)
  선생님은 내가 발전해서 만족해한다.

접속법 대신 동사원형 사용하는 경우

주절과 종속절의 주어가 같을 경우, ≪que≫ + 접속법 대신에 동사원형을 사용한다.

- **Je** veux venir avec vous. (○)
  나는 당신과 같이 오고 싶다.

  Je veux que **je** vienne avec vous. (×)
  나는 당신과 같이 오고 싶다.

  > **주의** ≪pour que≫ 또는 ≪bien que≫가 이끄는 절에서는 접속법을 사용한다.
  > **Téléphone-moi pour que je sache quand tu arrives.**
  > 네가 오는지 내가 알도록 전화해 다오.
  > **Bien qu'il pleuve, le match continue.**
  > 비가 오더라도 경기는 계속된다.

연습문제

1 Imitez le modèle.
   Ex. Ils pensent : ➜ Il faut que je pense.
   ① Ils mangent : ➜ il faut que je ... .
   ② Ils réfléchissent : ➜ il faut que tu ... .
   ③ Ils se servent : ➜ il faut qu'il ... .

   정답 [보기]기를 따라해 보시오.
   [보기] 그들은 생각한다. → 나는 생각해야한다.
   ① je mange 나는 먹어야한다
   ② tu réfléchisses 너는 심사숙고해야한다
   ③ qu'il se serve 그는 자기 접시에 덜어 먹어야한다

2 Imitez le modèle.
   Ex. Ils reçoivent. ➜ Il faut que je reçoive.
      Nous recevons. ➜ Il faut que nous recevions.
   ① Ils comprennet. ➜ il faut que je ...
      Nous comprenons. ➜ il faut que nous ... .
   ② Ils reviennent. ➜ il faut que je ... .
      Nous revenons. ➜ il faut que nous ... .
   ③ Ils boivent. ➜ il faut que je ... .
      Nous buvons. ➜ il faut que nous ...

   정답 보기를 따라해 보시오.
   [보기] 그들은 접수한다. → 나는 받아야한다.
   ① je comprenne, nous comprenions 나는/우리는 이해해야한다
   ② je revienne, nous revenions 나는/우리는 돌아와야 한다
   ③ je boive, nous buvions 나는/우리는 마셔야한다

3 Mettez le verbe au subjonctif présent.
   ① Il faut que je (aller) à la poste.
   ② C'est dommage qu'il (faire) si mauvais aujourd'hui.
   ③ Tu préfères que nous (aller) au cinéma ou au restaurant?

   정답 동사를 접속법 현재로 써보시오.
   ① j'aille 나는 우체국에 가야한다.
   ② il fasse 오늘 날씨가 너무 나쁜 것은 유감이다.
   ③ nous allions 너는 우리가 영화관, 레스토랑 가운데 어디로 가는 것을 더 좋아하니?

4 Formez une phrase en complétant le verbe par un infinitif ou «que» + subjonctif.
   Ex. Alain souhaite / il / devenir pilote. ➜ Alain souhaite devenir pilote.
      Alain souhaite / son fils / devenir pilote. ➜ Alain souhaite que son fils devienne pilote.
   ① Elle désire / Pierre / lui écrire - Elle désire / elle / faire partie de ce club.
   ② Il déteste / on / fumer chez lui. - Il déteste / il / être en retard.
   ③ Mes amis voudraient / ils / partir en vacances avec nous. - Mes amis voudraient / je / sortir avec eux.

> **정답** 동사원형 또는 que + 접속법으로 완성시키며 문장을 만들어보시오.
> [보기] 알랭은 조종사가 되고 싶어 한다.
> 알랭은 자기 아들이 조종사가 되기를 원한다.
> ① Elle désire que Pierre lui écrive. 그녀는 삐에르가 자기에게 편지하기를 바란다.
> Elle désire faire partie de ce club 그녀는 이 클럽에 참여하고 싶어 한다.
> ② Il déteste qu'on fume chez lui. 그는 누가 자기 집에서 담배 피는 것을 싫어한다.
> Il déteste être en retard. 그는 지각하는 것을 싫어한다.
> ③ Mes amis voudraient partir en vacances avec nous. 내 친구들은 우리와 같이 바캉스를 떠나고 싶어 한다.
> Mes amis voudraient que je sorte avec eux. 내 친구들은 내가 그들과 같이 외출하기를 원한다.

5 Utilisez ces verbes pour compléter les phrases : «c'est obligatoire, interdit, pense, souhaitons, désolé.»

① Le médecin ... que je sorte avant d'être guéri.

② Je suis ... que tu sois trop fatigué pour venir dîner.

③ Nous ... que vous puissiez trouver vite du travail.

> **정답** ≪c'est obligatoire ~는 의무적이다, interdit 금지된, pense 생각한다, souhaitons 바란다, désolé 유감이다≫를 이용해 문장을 완성시키시오.
> ① interdit 의사는 내가 낫기 전에 외출하는 것을 금지시킨다.
> ② désolé 나는 네가 저녁식사 하러 오기에 너무 피곤한 것이 유감이다.
> ③ souhaitons 우리는 당신이 조속히 일을 찾기 바랍니다.

6 Mettez le verbe entre parenthèses à l'indicatif ou au subjonctif.

① Le ciel est tout bleu. C'est certain qu'il (faire) beau demain.
 - Il y a beaucoup de nuages. Ça m'étonnerait qu'il (faire) beau demain.

② Il apprend que son amie (être) à l'hôpital.
 - Il regrette que son amie (être) à l'hôpital.

③ Je sais qu'il y (avoir) une manifestation d'étudiants demain et qu'on (ne pas pouvoir) stationner dans cette rue.
 - J'ai peur qu'il y (avoir) une manifestation d'étudiants demain et qu'on (ne pas pouvoir) stationner dans cette rue.

> **정답** 괄호안의 동사를 직설법 또는 접속법으로 써보시오.
> ① il fera, il fasse
> 하늘이 아주 푸르다. 내일 날씨가 좋을 것은 분명하다.
> 구름이 많다. 내일 날씨가 좋다면 놀라울 것이다.
> ② son amie est, son amie soit
> 그는 그의 여자 친구가 입원했다는 것을 알았다.
> 그는 그의 여자친구가 입원해서 유감이다.
> ③ il y aura, on ne pourra pas, il y ait, qu'on ne puisse pas
> 나는 내일 학생 시위가 있다는 것을 알고 있고 이 길에서 주차하지 못할 것이다.
> 나는 내일 학생 시위가 있고 이 길에서 주차를 못할 까봐 두렵다.

7 Imitez l'exemple.
Ex. Un mauvais repas : la viande n'est pas assez cuite, les spaghettis ne sont pas salés et il n'y a pas de dessert.

➜ Pour un bon repas, il faudrait que la viande soit assez cuite, que les spaghettis soient assez salés et qu'il y ait un dessert.

① Une classe difficile : les élèves ne sont pas à l'heure, ils n'ont pas leurs livres, ils ne savent pas leurs leçons, ils ne sont pas attentifs.
➜ Le professeur voudrait que les élèves soient à l'heure.

② Vincent n'est pas très en forme. Il n'a pas envie de se promener, il ne veut pas sortir avec nous, il ne jouera pas au tennis avec moi, il n'ira pas à la plage cet après-midi.
➜ Je ne crois pas qu'il ait envie de se promener, ...

정답 [보기]를 따라 해보시오.
[보기] 나쁜 식사 : 고기는 익지 않았고 스파게티는 간이 맞지 않았고 디저트는 없다.
좋은 식사를 위해, 고기는 충분히 익고 스파게티는 알맞게 간이 맞으며 디저트가 있어야 한다.
① qu'ils aient leurs livres, qu'ils sachent leurs leçons, qu'ils soient attentifs
힘든 학급 : 학생들은 제 시간에 오지 않고, 책도 없고 학과 내용도 모르며 주의를 기울이지 않는다.
선생님은 학생들이 제 시간에 오고 책을 갖고 오고 학과 내용도 알고 주의 기울이기를 바란다.
② qu'il veuille sortir avec nous, qu'il joue aux tennis avec moi, qu'il aille à la plage cet après-midi.
뱅쌍은 컨디션이 좋지 않다. 그는 산책하고 싶지 않으며 우리와 외출하고 싶지 않고 나와 테니스를 하지 않을 것이고 오늘 오후에 해변에 가지 않을 것이다.
나는 그가 산책하고 싶지 않으며 우리와 외출하고 싶지 않고 나와 테니스를 하지 않을 것이고 오늘 오후에 해변에 가지 않을 것이다.

DELF A2

8 Exprimez votre satisfaction ou votre mécontentement au sujet du règlement suivant. Utilisez les débuts de phrases donnés et faites les transformations nécessaires.
« Il est interdit de rouler à plus de 50 km/heure dans les villes. »

Ex. Je suis d'accord pour que ... .
➜ Je suis d'accord pour qu'on interdise de rouler à plus de 50 km/heure dans les villes.

① Je trouve normal que ... .
② On a raison de ... .
③ Je suis d'accord pour que ... .

정답 다음 규칙에 관한 주제에 대해 당신의 만족이나 불만을 나타내 보시오. 주어진 문장의 시작을 이용하고 필요한 변형을 해보시오.
"시내에서 시속 50킬로 이상으로 주행하는 것은 금지되었다."
[보기] 나는 시내에서 시속 50킬로 이상으로 주행하는 것은 금지시킨 것에 동의한다.
① qu'il soit interdit de rouler 나는 금지시키는 것이 정상이라고 생각한다.
② d'interdire de rouler 금지시키는 것이 옳다고 생각한다.
③ pour qu'on interdise de rouler 나는 금지시키는 데에 동의한다.

9 Lisez le mot de Valérie et écrivez-lui une lettre de réponse dans laquelle vous exprimez le regret, la joie, l'espoir, le souhait ... selon les nouvelles qu'elle vous donne.

Cher Sébastien,

Un petit mot pour te dire que je ne pourrai pas venir chez toi ce week-end. J'ai été sélectionnée à un concours de théâtre et je passe les épreuves finales samedi. On n'est plus que sept candidats et si je gagne le premier prix, je pourrai enfin entrer au conservatoire d'art dramatique l'année prochaine.

Pense à moi.

À un autre week-end.

Valérie.

정답 다음 발레리의 글을 읽고 발레리가 준 내용에 따라 당신이 유감, 즐거움, 희망, 바람 등을 나타내는 답장을 써 보시오.

정다운 세바스티엥

이번 주말에 너희 집에 못 가게 되었다는 메모야. 연극 콩쿠르에 선발되었고 토요일에 최종 심사를 치르게 되었어. 7명의 지원자뿐이고 만약 1등을 한다면 마침내 내년에 연극학교에 들어갈 수 있어.

나를 생각해. 다른 주말에 보자. 발레리

Chère Valérie,

Je regrette que tu ne puisses pas venir chez moi ce week-end. Je suis content que tu sois sélectionnée à un concours de théâtre et je souhaite que tu réussisses les épreuves finales. J'espère que tu pourras enfin entrer au conservatoire d'art dramatique l'année prochaine.

Je pense à toi.

정다운 발레리

이번 주말에 우리집에 오지 못하게 된 것은 유감이야. 네가 연극 콩쿠르에 선발되었다는 데 만족해하고 있고 최종 심사에서 성공하길 바래. 나는 네가 마침내 내년에 연극학교에 들어가길 바란다. 너를 생각해.

07 조건법

조건법은 욕망, 희망 그리고 상상의 행동을 나타내는 법이다.

1 조건법의 형태

조건법 현재

조건법 현재는 미래 어간에 반과거 어미 ais, ais, ait, ions, iez, aient를 더해서 만든다.

	미래		조건법 현재
Être	je serai	→	je serais
Avoir	j'aurai	→	j'aurais
Parler	je parlerai	→	je parlerais
Finir	je finirai	→	je finirais
Prendre	je prendrai	→	je prendrais

venir 오다	
je	viendr-ais
tu	viendr-ais
il / elle	viendr-ait
nous	viendr-ions
vous	viendr-iez
ils / elles	viendr-aient

조건법 과거

조건법 과거는 avoir 또는 être 조동사의 조건법 현재 + 과거분사로 만든다.

- J'aurais <u>voulu</u>. 나는 원했을 것이다.
- Nous aurions <u>voulu</u>. 우리는 원했을 것이다.
- Je serais <u>allé</u>. 나는 갔을 것이다.

□ Nous serions <u>allés</u>. 우리는 갔을 것이다.

2 조건법의 용법

1 욕망, 희망, 바람을 나타낼 때

흔히 사용하는 표현 → ≪j'aimerais, j'aimerais bien≫
→ ≪je voudrais, je voudrais bien≫

□ J'aimerais bien habiter à la montagne!
나는 산에서 살고 싶다.

□ Pierre adore la mer. Il voudrait avoir un bateau.
삐에르는 바다를 참 좋아한다. 그는 배를 한대 갖고 싶어 한다.

2 예의바른 요청을 나타낼 때

□ Est-ce que tu pourrais me prêter ta bicyclette?
내게 네 자전거 빌려줄 수 있니?

□ Je n'ai qu'un billet de 50 euros. Est-ce que vous auriez la monnaie?
50유로 지폐밖에 없어요. 잔돈 있나요?

> **주의** 비교해봅시다.
> **Est-ce que le directeur est là? Je veux lui parler.** (의지 = 직설법)
> 소장님 계세요? 그에게 말하고 싶어요.
> **Est-ce que le directeur est là? Je voudrais lui parler.** (예의 = 조건법)
> 소장님 계세요? 그에게 말씀 드리고 싶어요.

3 조언 하는 말

≪devoir≫ + 동사원형 또는 ≪faire mieux de≫ + 동사원형

□ Il neige beaucoup. Tu ferais mieux de <u>prendre</u> le train et pas ta voiture.
눈이 많이 온다. 네 차를 타지 말고 기차를 타는 것이 더 낫겠다.

□ Vous chantez très bien ; vous devriez <u>faire partie</u> d'une chorale!
노래를 잘 하시는군요. 합창단에 참여하시면 좋겠군요.

4 ≪si≫와 함께 하는 가정에서

□ Si j'étais riche, j'achèterais une Ferrari.
내가 부유하다면 나는 페라리를 한대 살 것이다.

□ S'il n'avait pas plu, on aurait joué au tennis.
비가 안왔다면 테니스를 했을 것이다.

> **연습문제**

1 Complétez les phrases avec «vouloir» ou «aimer» au conditionnel.
① Étienne est architecte ; son fils, lui aussi, … bien être architecte.
② Marie a acheté des chaussures très chic ; sa copine … bien avoir les mêmes.
③ Tu as un très bel ordinateur ; je … en avoir un comme ça!

> **정답** ≪vouloir≫ 또는 ≪aimer≫ 동사의 조건법으로 다음 문장을 완성시켜보시오.
> ① voudrait 에띠엔느는 건축가이다. 그의 아들도 건축가가 되고 싶어 한다.
> ② aimerait 마리는 아주 멋진 신발을 샀다. 그의 친구도 같은 것을 갖고 싶어 한다.
> ③ j'aimerais 너는 아주 멋진 컴퓨터를 갖고 있구나. 나도 같은 것을 갖고 싶다.

2 Mettez les verbes soulignés au conditionnel de politesse.
① Vous <u>avez</u> l'heure, s'il vous plaît?
② Christiana, tu <u>peux</u> m'aider à mettre le couvert?
③ J'ai un peu froid. Vous <u>pouvez</u> fermer la fenêtre, s'il vous plaît?

> **정답** 밑줄 친 동사들을 예의의 조건법으로 써보시오.
> ① auriez 지금 몇 시인가요?
> ② pourrais 크리스티아나, 식기 놓는 것 도와줄래?
> ③ pourriez 조금 추워요. 창문 좀 닫아 주실래요?

3 Complétez les phrases par «devoir» ou «faire mieux de» au conditionnel.
Ex. Il va peuvoir. Vous … prendre un parapluie.
  ➜ Vous devriez / feriez mieux de prendre un parapluie.
① Tu n'as pas l'air en forme. Tu … te reposer.
② Votre voiture fait un drôle de bruit. Vous … la faire réparer.
③ Son travail n'est pas intéressant ; il … en chercher un autre.

> **정답** ≪devoir≫ 또는 ≪faire mieux de≫의 조건법 현재로 다음 문장들을 완성시켜 보시오.
> [보기] 비가 오겠군요. 우산을 갖고 가셔야 / 갖고 가시는 것이 더 나을 겁니다.
> ① devrais 너는 컨디션이 좋아 보이지 않는다. 쉬어야 할 것 같다.
> ② devriez 당신 차에서 이상한 소리가 나요. 차를 수리해야 할 것 같습니다.
> ③ ferait mieux 그의 일은 흥미 없다. 다른 일을 찾는 것이 더 나을 것이다.

4 Mettez les verbes à l'indicatif ou au conditionnel selon le sens.
① Fred (vouloir) devenir pilote.
  - Fred (vouloir) devenir pilote, mais il a une mauvaise vue.
② Je (aimer) beaucoup les huîtres.
  - Je (aimer) beaucoup les huîtres, mais je suis allergique aux fruits de mer.
③ Tu (devoir) lire ce roman ; il te plaira sûrement.
  - Tous les élèves (devoir) lire ce roman qui est au programme de notre classe.

> **정답** 의미에 따라 직설법 또는 조건법으로 동사를 서보시오.
> ① veux, voudrait 프레드는 조종사가 되고 싶다.
>   프레드는 조종사가 되고 싶지만 눈이 나쁘다.
> ② J'aime, J'aimerais 나는 굴을 매우 좋아한다.
>   나는 굴을 매우 좋아하지만 해물 알레르기가 있다.

③ devrais, doivent 너는 이 소설을 읽어봐. 분명히 네 맘에 들 거야.
모든 학생은 우리 클래스의 프로그램에 있는 이 소설을 읽어야한다.

DELF A2

5 Utilisez les expressions suivantes pour donner deux ou trois conseils à chacune de ces personnes.

Vous devriez
Il faudrait
Si j'étais vous,
Vous pourriez
Moi, je + conditionnel
À votre place, je + conditionnel

① PAUL : Ma femme veut adopter un chat et je déteste les animaux dans un appartement. Que dois-je faire?
② SOPHIE : Je dois souvent partir à la dernière minute, et je n'aime pas me dépêcher pour faire mes bagages. Donnez-moi conseil.
③ BÉATRICE : Je ne sais jamais quels vêtements me mettre et pourtant j'en ai plein mes armoires. Une idée s'il vous plaît.
④ ALAIN : Ma femme a une bonne situation et j'ai décidé d'arrêter de travailler pour m'occuper de mes deux enfants de 8 et 10 ans. Que vais-je faire pendant qu'ils seront à l'école? vos suggestions s'il vous plaît.

정답 각각의 사람들에게 조언을 하기 위해 다음 표현들을 사용해 보시오.
~ 하는 것이 좋을 것입니다
~ 해야 할 것입니다
내가 당신이라면
~하실 수 있습니다
나는 + 조건법
당신입장이라면 + 조건법

1. 뽈 : 아내가 고양이를 키우기를 원하고 나는 아파트에서 동물들을 싫어한다. 어떻게 하지?
2. 소피 : 나는 종종 마지막 순간에 떠나야하고 짐 싸느라 서두르는 것을 좋아하지 않아요. 조언을 주세요.
3. 베아트리스 : 나는 어떤 옷을 입어야할 지 전혀 모르지만 옷장은 옷으로 가득 차 있어요. 아이디어를 주세요.
4. 알랭 : 내 아내는 훌륭한 직장을 갖고 있어서 8살과 10살인 아이들을 돌보기 위해 일을 그만 두었습니다. 아이들이 학교에 가면 나는 뭘 하지요? 당신의 제안을 부탁합니다.

① Vous devriez acheter une maison. 주택을 구입해야겠군요.
② Il faudrait préparer vos bagages la veille. 전날 짐을 준비해야겠군요.
③ Si j'étais vous, je mettrais une robe. 내가 당신이라면 원피스를 입을 거예요.
④ Vous pourriez lire, vous détendre, regarder la télévision. 책을 읽을 수도 있고, 몸을 쉴 수도 있고 TV를 볼 수도 있을 겁니다.

08 명령형

1 명령형의 형태

조건법 현재

명령형은 직설법 현재형과 같은 형태를 갖는다. 주어 대명사는 없고 다음 3가지 인칭만 사용한다.

1군동사	tu regardes → regarde (1군동사는 tu에서 s를 생략한다)	
	nous regardons → regardons	
	vous regardez → regardez	
2군동사	tu finis → finis	
	nous finissons → finissons	
	vous finissez → finissez	
3군동사	tu viens → viens	
	nous prenons → prenons	
	vous faites → faites	

주의 1군동사는 tu에서 ≪s≫를 생략한다.
regarde !

aller 가다, ouvrir 열다, offrir 제공하다 동사에서도 마찬가지이다.
Aller → va
Ouvrir → ouvre
Offrir → offre

그러나 대명사 ≪en≫과 ≪y≫ 앞에서는 s가 나온다.
Vas-y! 계속해봐
Penses-y! 그걸 생각해
Achètes-en! 그것을 사라

1 être, avoir 동사의 명령형

Être	sois	soyons	soyez
Avoir	aie	ayons	ayez

2 명령형은 다음과 같이 보어 대명사와 같이 사용되는 일이 많다.

- C'est l'anniversaire de Joseph. Téléphone-lui!
  조제프의 생일이다. 그에게 전화해.

- Je serai un peu en retard. Attends-moi!
  내가 좀 늦을 것 같다. 나를 기다려다오.

- Je serai très en retard. Ne m'attends pas!
  내가 많이 늦을 것 같다. 나를 기다리지 마라.

3 대명동사의 명령형

- Dépêchez-vous! 서두르세요.

- Ne t'inquiète pas! 초조해 하지마.

주의 동사와 보어 대명사 사이의 연결부호(le trait d'union)에 주의!
긍정 명령형 : Écoute-le! 그의 말을 들어라.

2 명령형의 용법

명령형은 다음을 나타내기 위해 사용된다.

1 명령

- Viens ici tout de suite!
  빨리 이리 와라.

- Lisez la leçon et faites les exercices!
  학과내용을 읽고 연습문제를 풀어라.

- Servez-vous de pizza!
  피자 드세요.

2 부정문에서 금지

- Ne joue pas au ballon dans la rue!
  길에서 공놀이 하지 마라.

- Ne prenez pas ce médicament le soir!
  저녁에는 이 약을 드시지 마세요.

- Ne garez pas votre voiture ici!
  여기 주차하지 마세요.

3 조언

☐ Il pleut. Roulez doucement !
비가 옵니다. 천천히 운전하세요.

☐ Fais attention en traversant la rue !
길을 건너며 조심해라.

☐ Ne vous penchez pas par la fenêtre !
창문으로 몸을 내밀지 마시오.

연습문제

1 Mettez le verbe à l'impératif affirmatif puis négatif.
a. Ex. Tu manges. ➡ Mange / Ne mange pas.
① Tu sors.
② Vous partez.
③ Tu écoutes.

b. Ex. Tu te promènes. ➡ Promène-toi / Ne te promène pas.
① Tu te lèves.
② Vous vous couchez.
③ Tu t'arrêtes.

정답 다음 동사를 긍정명령형과 부정 명령형으로 만들어보시오.
a. [보기] 너는 먹는다 → 먹어라. 먹지마라
① Sors. / Ne sors pas. 나가라/나가지 마라
② Partez. / Ne partez pas. 떠나세요 / 떠나지 마세요
③ Ecoute. / N'écoute pas. 들어라/ 듣지 마라

b. [보기] 너는 산책한다. → 산책해라. 산책하지 마라.
① Lève-toi. / Ne te lève pas. 일어나라. / 일어나지 마라.
② Couchez-vous. / Ne vous couchez pas. 주무세요 / 주무시지 마세요.
③ Arrête-toi. / Ne t'arrête pas. 서라./서지 마라

2 Imitez l'exemple.
Ex. Tu aimes la salade de fruits. (se servir) ➡ Sers-toi!
① Tu as mal à la gorge. (prendre des pastilles).
② Vous êtes en colère. (se calmer).
③ Ce chien n'est pas méchant. (ne pas avoir peur).

정답 [보기]를 따라해 보시오.
[보기] 너는 과일 샐러드를 좋아한다. → 덜어 먹어라.
① Prends 너는 목이 아프다. 기침약을 먹어라.
② Calmez-vous 화가 나셨군요. 진정하세요.
③ N'ayez pas peur. 이 개는 사납지 않습니다. 겁내지 마세요.

3 Complétez les phrases par un des verbes suivants.

Passez un bon dimanche! : (écouter, s'installer, prendre, lire, faire, se lever)
... à l'heure que vous voulez, ... un bon petit déjeuner, ... une promenade avec des amis. Le soir quand vous rentrez, ... dans un fauteuil confortable, ... de la musique et ... votre journal préféré!

> 정답 다음 동사 가운데 하나로 문장을 완성시키시오.
> Levez-vous , prenez, faites, installez-vous, écoutez, lisez
> 좋은 일요일 보내세요. 원하는 시간에 일어나시고 아침 식사 잘 하시고 친구들과 산책하세요. 저녁에 돌아오시면 편안한 의자에 몸을 맡기시고 음악을 듣고 좋아하는 신문을 읽으세요.

4 Mettez les verbes à l'impératif.
Madame Fortin dit à Julia, la jeune au pair, ce qu'elle doit faire.

① Aller chercher les enfants à l'école à 16h 30.
② Les faire goûter.
③ Surveiller les devoirs et les leçons.

> 정답 동사를 명령형으로 쓰시오.
> 포르탱 부인은 젊은 아르바이트생에게 해야할 일을 말해준다.
> ① Allez chercher 오후 4시 반에 아이들을 찾으러 학교에 가세요.
> ② Faites-les goûter 애들에게 간식을 주세요.
> ③ Surveillez 숙제와 학과 내용을 살펴보세요.

5 Imitez le modèle.
Ex. Tu m'achèteras le journal. ➔ Achète-moi le journal!

① Tu lui diras bonjour de ma part.
② Tu me passeras le sucre, s'il te plaît.
③ Vous lui offrirez du champagne.

> 정답 보기를 따라해 보시오.
> [보기] 넌 내게 신문을 사다 주면 좋겠다. → 내게 신문을 사다오.
> ① Dis-lui. 그에게 나의 안부 전해다오.
> ② Passe-moi. 설탕 좀 건네줘.
> ③ Offrez-lui. 그에게 샴페인을 주세요.

DELF B2

6 Lisez cette recette de cuisine.

Saucisses au riz et aux pommes

Pour quatre personnes : 8 cuillères à soupe de riz, 300g de saucisse de Toulouse, 2 belles pommes, sel, poivre, 75g de beurre.

- Jeter le riz dans une casserole d'eau bouillante. Le laisser bouillir huit minutes. Le goûter et l'arroser d'eau froide pour le rincer. Éplucher les pommes ; les couper. Faire fondre 30 grammes de beurre et y mettre les pommes à cuire dix minutes. Ne pas les remuer à la fourchette pour ne pas les écraser.

- Faire cuire la saucisse à la poêle et la couper en morceaux. Ajouter les pommes cuites et le riz. Remuez délicatement.

Écrivez cette recette à un(e) ami(e) selon le modèle suivant et faites les transformations nécessaires.

Jette le riz dans une casserole ... .

> **정답** 다음 요리 " 쌀과 사과를 곁들인 소세지" 레시피를 읽어보시오.
> 4인분 : 쌀 8 스프 스푼, 툴루즈 소시지 300그램, 사과 2개, 소금, 후추, 버터 75그램.
> 보기와 같이 이 레시피를 친구에게 적어주시오.
>
> Jette le riz dans une casserole d'eau bouillante. Laisse-le bouillir huit minutes. Goûte-le et arrose-le d'eau froide pour le rincer. Épluche les pommes et coupe-les. Fais fondre 30 grammes de beurre et mets-y les pommes à cuire dix minutes. Ne les remue pas à la fourchette pour ne pas les écraser.
> 끓는 물이 있는 냄비에 쌀을 넣어라. 8분간 끓여라. 맛을 보고 씻어내도록 찬물을 부어라. 사과 껍질을 까고 잘라라. 버터 30그램을 녹이고 10분간 익힐 사과들을 넣어라. 으깨지지 않도록 포크로 젓지 마라.
>
> Fais cuire la saucisse à la poêle et coupe-la en morceaux. Ajoute les pommes cuites et le riz. Remuez délicatement.
> 그리고 프라이팬에 소시지를 익히고 여러 조각으로 잘라라. 익힌 사과와 쌀을 넣어라. 세심하게 저어라.

09 현재분사와 과거분사

프랑스어의 분사에는 현재분사와 과거분사가 있다. 현재분사는 주어 동작의 동시성을 나타내는 제롱디프(Gérondif)를 만들고, 과거분사는 복합시제와 수동태를 만든다.

1 현재분사

형태

regarder 보다　　　　　nous regardons → regardant
finir 끝나다, 끝내다　　　nous finissons → finissant
prendre 잡다, 취하다　　nous prenons → prenant
faire 하다　　　　　　　nous faisons → faisant

> **주의** 다음 세 동사의 현재분사는 불규칙이다.
> être ~이다 : **étant**
> avoir ~을 갖고 있다 : **ayant**
> savoir 알다 : **sachant**

용법 : 제롱디프(le gérondif)

≪en≫ + 현재분사로 제롱디프를 만든다.

- En marchant 걸으며
- En travaillant 일하며

제롱디프는 같은 주어를 갖는 두 동사의 동작이 동시에 일어나는 것을 나타낸다.

1 제롱디프는 시제를 나타낸다.

- Géraldine fait ses devoirs et elle écoute son disque préféré.
  → Géraldine fait ses devoirs en écoutant son disque préféré.
  (동시에 : en même temps)
  제랄딘은 자신이 좋아하는 음반을 들으며 과제를 한다.

□ En allant au supermarché, nous avons rencontré nos voisins.
(Quand nous sommes allés au supermarché, nous avons rencontré nos voisins)
우리는 수퍼마켓으로 가며 이웃사람들을 만났다.

2 제롱디프는 태도를 나타내기도 한다.

□ Comment avez-vous appris le français? En suivant des cours et en écoutant des cassettes.
프랑스어를 어떻게 배우셨나요? 수업을 듣고 카세트를 들으며 익혔습니다.

 ≪passer≫동사 + 시간의 지속을 나타낼 때
Il a passé deux heures en travaillant. (×)
Il a passé deux heures à travailler. (○)
그는 일하는데 두 시간을 보냈다.

연습문제

1 Imitez le modèle.
   a. Ex. Il travaille. Il chante. ➡ Il travaille en chantant.
   ① On boit du vin blanc. On mange du poisson.
   ② Les jeunes gens marchaient dans la rue. Ils regardaient les jolies filles.
   ③ Il a appris l'espagnol. Il a passé six mois à Madrid.

   b. Ex. Elle a taché le tapis. Comment? (renverser du café) ➡ Elle a taché le tapis en renversant du café.
   ① Elle a fait un délicieux gâteau. Comment? (suivre une recette de sa grand-mère).
   ② Vous fêterez le 31 décembre. Comment? (danser toute la nuit).
   ③ Il est devenu très riche. Comment? (épouser une actrice célèbre).

   정답 [보기]를 따라해 보시오.
   [보기] 그는 일한다. 그는 노래한다. → 그는 노래하며 일한다.
   ① On boit du vin blanc en mangeant du poisson.
      사람들은 생선을 먹으며 화이트 와인을 마신다.
   ② Les jeunes gens marchaient dans la rue en regardant les jolies filles.
      젊은이들은 예쁜 아가씨들을 쳐다보며 길을 걸었다.
   ③ Il a appris l'espagnol en passant six mois à Madrid.
      그는 마드리드에서 6개월 보내며 스페인어를 배웠다.

   b. [보기] 그녀는 커피를 엎지르며 카페트를 더럽혔다.
   ① Elle a fait un délicieux gâteau en suivant une recette de sa grand-mère.
      그녀는 할머니의 레시피를 따라하며 맛있는 케이크를 만들었다.
   ② Je fêterai le 31 décembre en dansant toute la nuit.
      나는 밤새 춤추며 12월 31일을 보낼 것이다.
   ③ Il est devenu très riche en épousant une actrice célèbre.
      그는 유명 여배우와 결혼하며 매우 부유해졌다.

2 과거분사

형태

과거분사는 동사원형의 어간을 바탕으로 만들지만 3군동사 가운데는 불규칙한 동사들이 있다.

Être	Avoir	1군동사	2군동사
été	eu	어간 + é aimé	어간 + i choisi
3군동사			
어간 + u connaître 알다 : connu voir 보다 : vu venir 오다 : venu	어간 + i partir 떠나다 : parti servir 서비스하다 : servi rire 웃다 : ri	어간 + it écrire 글쓰다 : écrit conduire 운전하다 : conduit dire 말하다 : dit	어간 + is mettre 놓다 : mis prendre 잡다 : pris asseoir 앉히다 : assis

 특이한 과거분사
  ouvrir 열다 : **ouvert**
  offrir 제공하다 : **offert**
  peindre 그림 그리다 :**peint**
  mourir 죽다 : **mort**
  naître 태어나다 : **né**
  faire 하다 : **fait**

과거분사의 일치

1 과거분사는 복합시제를 만드는데 사용된다.

≪avoir≫와 함께 :

□ Nous avons marché dans la forêt.
우리는 숲에서 걸었다.

□ Il avait réussi son examen.
그는 시험에 성공했었다.

≪être≫와 함께 :

□ Elles sont venues nous voir.
그 여자들은 우리와 같이 왔다.

□ Ils s'étaient levés tôt.
그들은 일찍 일어났었다.

2 ≪être≫와 함께 할 때 과거분사는 주어의 성·수에 일치한다.

- Il est parti hier.
  그는 어제 떠났다.

- Les feuilles des arbres sont tombées.
  나뭇잎들은 떨어졌다.

- Les touristes se sont promenés dans la ville.
  관광객들은 도시를 산책했다.

3 ≪avoir≫와 함께 할 때 주어의 성·수에 일치하지 않는다.

- Nous avons décoré le sapin de Noël.
  우리는 크리스마스 트리를 장식했다.

그러나 직접목적어가 avoir 조동사 보다 먼저 놓일 때는 직접목적어의 성·수에 일치해야 한다.

[직접목적어가 ≪le, la, les≫ 대명사일 때]

- Ce livre, je l'ai déjà lu. (l'=ce livre)
  나는 이 책을 이미 읽었다.

- Ces livres, je les ai déjà lus. (les = ces livres.)
  나는 이 책들을 이미 읽었다.

- Je connais bien les soeurs Lubin. Je les ai rencontrées dans un stage d'informatique.
  나는 뤼뱅의 누이들을 잘 안다. 나는 그 여자들을 컴퓨터 강좌에서 만났다.

[직접 목적어가 관계대명사 ≪que≫일 때]

- J'ai acheté une cassette-vidéo. Nous allons regarder la cassette que j'ai achetée. (que=la cassette)
  우리는 비디오 카세트를 샀다. 우리는 내가 산 비디오를 볼 것이다.

- Nous allons regarder les cassettes-vidéo qu'on t'a offertes pour Noël.
  우리는 사람들이 네게 준 비디오 카세트들을 볼 것이다.

주의 몇몇 과거분사 여성형의 발음에 주의

écrite [ekrit]   mise [miz]
faite [fêt]   prise [priz]

수동태

1 형태

être + 과거분사 + ≪par≫

- Le château est éclairé par des projecteurs.
  성(城)은 프로젝터들로 조명된다.

- Le château sera éclairé par des projecteurs.
  성은 프로젝터들로 조명될 것이다.

- Le château était éclairé par des projecteurs.
  성은 프로젝터들로 조명되고 있었다.

- Le château a été éclairé par des projecteurs.
  성은 프로젝터들로 조명되었다.

수동태는 동작의 결과를 강조하는데 쓰인다.

2 용법

비교해봅시다.

- <u>Le tableau «La Joconde»</u> a été peint par Léonard de Vinci.
  모나리자 그림은 레오나르도 다빈치에 의해 그려졌다. (여기서 중요한 것은 그림)

- <u>Léonard de Vinci</u> a peint «La Joconde».
  레오나르도 다빈치는 모나리자를 그렸다. (여기서 중요한 것은 레오나르도 다빈치)

- Au mariage de Lucie, <u>un sketch</u> sera présenté par ses amis.
  뤼시의 결혼식에서 친구들에 의해 촌극이 상연될 것이다. (여기서 중요한 것은 촌극)

- Au mariage de Lucie, <u>ses amis</u> présenteront un sketch.
  뤼시의 결혼식에서 친구들은 촌극을 상연할 것이다. (여기서 중요한 것은 친구들)

수동태에서 종종 ≪par≫가 없는 경우를 보게 된다. 이 경우 누가 동작을 했는지 중요하지 않은 경우이다.

- Allô! Madame Bertrand! Votre voiture est réparée. Vous pouvez passer la prendre.
  여보세요. 베르트랑 부인. 차는 수리되었습니다. 찾으러 오셔도 됩니다.

- Cette jolie tasse est un peu cassée. Quel dommage!
  이 예쁜 찻잔이 조금 깨졌다. 참 안됐다.

형용사처럼 쓰이는 과거분사

connaître 알다 → connu :

- C'est un acteur très connu.
  아주 유명한 배우다.

- Beaucoup de gens consomment des produits surgelés.
  많은 사람들이 냉동식품을 소비한다.

- C'est un film interdit aux enfants de moins de 12 ans.
  12세 미만 아동에게 금지된 영화다.

연습문제

2 Faites l'accord du participe passé.

a.
① Les invités sont (arrivé) vers 9 heures.
② Juliette est (resté) chez elle toute la journée.
③ Le cours est (fini). Vous pouvez sortir.

정답 과거분사를 일치시켜 보시오.
① arrivés 손님들은 9시 쯤 도착했다.
② restée 쥴리에트는 종일 자기 집에 있었다.
③ fini 수업이 끝났습니다. 나가도 좋습니다.

b.
① Ces chaussures, je ne les ai (mis) qu'une fois!
② Cette maison, nous l'avons (habité) pendant dix ans.
③ Tes cousins, je ne les ai jamais (vu)!

정답 ① mises 이 신발, 나는 한 번 밖에 안 신었어요.
② habitée 이집에서 우리는 10년 동안 살았다.
③ vus 네 사촌들, 나는 한 번도 본 일이 없다.

c.
① Regarde les belles roses que Gérard m'a (offert)!
② Vous pouvez faire réparer votre montre à l'adresse que je vous ai (indiqué).
③ Où est le dictionnaire que je t'ai (prêté)?

정답 ① offertes 제라르가 내게 준 예쁜 장미들을 봐라.
② indiquée 내가 적어준 주소에서 시계 수리를 맡기실 수 있습니다.
③ prêté 내가 네게 빌려준 사전 어디 있니?

3 Reliez les phrases.
1. En quittant la maison,   a. elle s'est jetée dans ses bras.
2. En courant dans l'escalier,   b. on a vu un gros serpent.
3. En voyant son ami,   c. j'ai bien fermé la porte.

4. En répondant à une annonce dans le journal,   d. il est tombé et il s'est fait très mal.
5. En cherchant des champignons,   e. elle a trouvé un travail pour l'été.

> **정답** 다음 문장들을 연결시켜보시오.
> 1c 집을 나서며 나는 문을 잘 닫았다.
> 2d 계단에서 뛰다가 그는 넘어졌고 많이 아팠다.
> 3a 남자 친구를 보며 그녀는 그의 팔에 안겼다.
> 4e 신문광고를 보고 답하며 그녀는 여름동안 할 일을 찾았다.
> 5b 버섯을 찾다가 우리는 큰 뱀을 봤다.

4 Mettez à la forme passive.

a. Ex. Le directeur invite Monsieur Leroy. ➡ Monsieur Leroy est invité par le directeur.

① L'agent de police règle la circulation.
② En automne, le vent emporte les feuilles mortes.
③ La pâtisserie «Au croissant d'or» fabrique ces délicieux gâteaux au chocolat.

> **정답** 수동태로 써보시오.
> [보기] 사장은 르롸 씨를 초대한다. → 르롸 씨는 사장에 의해 초대받는다.
> ① La circulation est réglée par l'agent de police.
>   교통은 경찰관에 의해 통제된다.
> ② En automne, les feuilles mortes sont emportées par le vent.
>   가을에 낙엽은 바람에 날아간다.
> ③ Ces délicieux gâteaux au chocolat sont fabriqués par la pâtisserie «Au croissant d'or»
>   이 맛있는 초코 케이크들은 〈크롸쌍 도르〉 제과점에서 만들어졌다.

b. Ex. Le directeur a invité Monsieur Leroy. ➡ Monsieur Leroy a été invité par le directeur.

① Jean a pris cette photo l'année dernière.
② En 1989 Jessye Norman a chanté la Marseillaise place de la Concorde.
③ Le maire a inauguré une nouvelle école professionnelle.

> **정답** 사장은 르롸 씨를 초대했다. → 르롸 씨는 사장에게 초대받았다.
> ① Cette photo a été prise par Jean l'année dernière.
>   이 사진은 장에 의해 작년에 촬영되었다.
> ② En 1989 la Marseillaise a été chantée par Jessye Norman place de la Concorde.
>   1989년 라마르세예즈는 제시 노르만에 의해 콩코르드 광장에서 불렸다.
> ③ Une nouvelle école professionnelle a été inaugurée par le maire.
>   새 직업학교가 시장에 의해 개교되었다.

c. Ex. Le directeur invitera Monsieur Leroy. ➡ Monsieur Leroy sera invité par le directeur.

① Monica présentera la collection du couturier Yves Saint-Laurent.
② Serge Colonne dirigera l'orchestre des Pays-de-Loire.
③ L'entreprise Matérix fera les travaux de l'immeuble.

> **정답** 사장은 르와 씨를 초대할 것이다. → 르롸 씨는 사장에게 초대 받을 것이다.
> ① La collection du couturier Yves Saint-Laurent sera présentée par Monica
>   새로운 입생로랑 콜렉션은 모니카에 의해 소개될 것이다.

② L'orchestre des Pays-de-Loire sera dirigé par Serge Colonne
페이-드-롸 오케스트라는 세르쥬 꼴론에 의해 지휘될 것이다.
③ Les travaux de l'immeuble seront faits par l'entreprise Matérix
건물 공사는 마테릭스 회사에 의해 되어질 것이다.

5 Accordez les participes passés si nécessaire.

En 1986, le docteur Étienne est (parti) seul avec ses chiens pour arriver au Pôle Nord. Il a (marché) sur ses skis pendant deux mois. La radio qu'il avait (emporté) était son seul contact avec les hommes. Ses chiens étaient bien (dressé). Il les avait (habitué) à sa voix. L'homme et les chiens sont (devenu) des amis. Ils ont (partagé) la fatigue, le froid, la peur. Le docteur Étienne a (raconté) l'étonnante aventure qu'il a (vécu) dans un livre magnifique.

> **정답** 필요하다면 과거분사를 일치시키시오.
> parti, marché, emportée, dressés, habitués, devenus, partagé, raconté, vécue
>
> 1986년 에띠엔느 박사는 그의 개들과 함께 홀로 북극에 가기 위해 떠났다. 그는 두 달 동안 자신의 스키 위에서 걸었다. 그가 갖고 간 라디오가 사람들과의 유일한 접촉이었다. 그의 개들은 아주 잘 훈련되었다. 그는 자신의 목소리를 개들이 친근하게 만들었다. 사람과 개들은 친구가 되었다. 그들은 피로, 추위, 공포를 공유했다. 에띠엔느 박사는 멋진 책에서 그가 겪은 놀라운 모험에 대해 말했다.

DELF A2

6 Complétez les articles de faits divers suivants. Mettez les verbes entre parenthèses au passif et les verbes soulignés au gérondif. Attention aux accords.

1. Une bien désagréable surprise!
   Vendredi dernier, 22 janvier, la maison de M. et Mme Juillet (cambrioler) : des livres précieux (emporter), des bouteilles de vin (casser), le réfrigérateur (vider).
   Une enquête (ouvrir).

2. Camion en feu.
   Vers 12h 30, hier, <u>traverser</u> le village de Nétreville, un camion a pris feu. Les marchandises (perdre). Heureusement, l'incendie (maîtriser) rapidement par les pompiers. Une catastrophe (éviter) de justesse.

3. Trois groupes de jeunes vont visiter le Bénin.
   Avant le départ, les jeunes (recevoir) demain par le maire de la ville. Le financement de leur séjour (assurer) par plusieurs associations. Les jeunes (accueillir) par des familles dès leur arrivée. Ils feront de nouvelles expériences <u>voyager</u> et <u>découvrir</u> l'Afrique.

> **정답** 다음 사회면 기사를 완성시켜보시오. 괄호안의 동사를 수동태로 그리고 밑줄친 동사를 제롱디프로 만드시오. 일치에 주의하시오.
> 1. a été cambriolée, des livres précieux ont été emportés, des bouteilles de vin ont été cassées, le réfrigérateur a été vidé. Une enquête a été ouverte.
>
> 아주 불쾌한 놀라운 일.
> 지난 1월 22일 금요일, 쥐이예 씨 부부의 집이 털렸다. 귀한 책들을 가져갔고 와인 병들은 깨졌으며 냉장고는 비었다.

2. en traversant, les marchandises ont été perdues, l'incendie a été maîtrisé, une catastrophe a été évitée de justesse
불붙은 트럭
12시 30분쯤 네트레빌 마을을 지나던 트럭에 불이 났다. 물건들이 사라졌다. 다행히 소방대원들에 의해 불길이 잡혔다. 재앙은 간신히 피했다.

3. les jeunes seront reçus, Le financement sera assuré par, Les jeunes seront accueillis par, en voyageant et en découvrant l'Afrique
세 청년 그룹 베넹 방문
출발 전에 청년들은 시장을 예방할 것이다. 그들의 체재비는 몇몇 단체에서 지원할 것이다. 젊은이들은 도착하자마자 가족들에 의해 반겨질 것이다. 그들은 아프리카를 여행하고 발견하며 새로운 경험을 할 것이다.

10 주요 동사들

1 Savoir / Connaître

Savoir

1 Savoir + 동사원형 = ~을 할 줄 알다
= être capable de faire quelque chose qu'on a appris à faire.

- Est-ce que tu sais nager? Oui, je sais nager. (=j'ai appris à nager)
  너 수영할 줄 아니? 응, 할 줄 안다. (= 나는 수영을 익혔다)

- Est-ce que tu sais conduire une moto? 너 오토바이 운전할 줄 아니?
- Est-ce que tu sais faire des crêpes? 너 크레프 만들 줄 아니?
- Est-ce que tu sais jouer de la trompette? 너 트럼펫 연주할 줄 아니?

2 Savoir + 종속절 = 구체적 내용에 대한 정보를 갖고 있다
= avoir une information sur un point précis.

	que	~을 알고 있다
	comment	어떻게 하는지 알고 있다
	où	어디인지 알고 있다
Savoir	pourquoi	왜 ~인지 알고 있다
	quand	언제인지 알고 있다
	si	~인지를 알고 있다
	ce qui, ce que	~인 것 (주격/목적격)을 알고 있다

- Est-ce que vous savez que Marion va sa marier en Juillet?
  마리옹이 7월에 결혼하는 것을 알고 있나요?

- Est-ce que vous savez comment on va à la Sorbonne?
  소르본느에 어떻게 가는지 알고 있나요?

- Est-ce que vous savez <u>où</u> est l'église Saint Pierre?
  쌩 삐에르 성당이 어딘지 아시나요?

- Est-ce que vous savez <u>pourquoi</u> Jean n'est pas là?
  왜 장이 없는지 아세요?

- Est-ce que vous savez <u>quand</u> le train partira?
  언제 열차가 떠나는지 아세요?

- Est-ce que vous savez <u>si</u> on peut changer de l'argent dans cette gare?
  이 역에서 환전할 수 있는지 아세요?

- Est-ce que vous savez <u>ce qu'</u>il a dit.
  그가 말한 것을 아세요?

▌Connaître + 명사

1 Connaître quelque chose 무엇을 파악하거나 그것에 대한 경험이 있다
= identifier ou avoir l'expérience d'une chose.

- Je connais cette chanson. (= je l'ai entendu)
  나는 이 노래를 안다. (= 들은 적이 있다)

- Je connais ce restaurant. (= j'y ai déjà déjeuné)
  나는 이 식당을 안다. (=나는 거기서 식사한 적이 있다)

- Je connais la Thaïlande. (= j'y suis déjà allé)
  나는 태국을 안다. (= 나는 가본 적이 있다)

2 Connaître quelqu'un 누구인 줄 알거나 그와 사회적 관계가 있다
= identifier quelqu'un ou avoir des relations sociales avec quelqu'un.

- Vous connaissez <u>cet homme</u> politique ? Oui, c'est le ministre des Affaires étrangers.
  이 정치인 아세요? 네, 외무장관입니다.

- Je connais <u>la famille Legrand</u> depuis dix ans.
  나는 10년째 르그랑 가족을 알고 있다.

> **주의** Je connais que le train part à 8h. (×)
> Je connais pourquoi il n'est pas là. (×)
> Je <u>sais que</u> le train part à 8h. (○) 나는 열차가 8시에 떠나는 것을 알고 있다.
> Je <u>sais pourquoi</u> il n'est pas là. (○) 나는 그가 왜 안 왔는지 알고 있다.

2 Pouvoir + 동사원형 = ~을 할 수 있다

■ Avoir la capacité de faire quelque chose

- Ce train peut rouler à plus de 300km à l'heure.
  이 열차는 시속 300킬로로 달릴 수 있다.

- Sabine n'a pas pu venir à la discothèque avec nous ; elle était malade.
  사빈은 우리와 같이 디스코테크에 올 수 없었다. 아팠다.

- La porte est fermée à clé. on ne peut pas l'ouvrir.
  문이 열쇠로 잠겼다. 우리는 열 수 없다.

  > **주의** pouvoir와 savoir를 혼동하지 마시오.
  > Je peux conduire. (×)
  > Je ne peux pas parler français. (×)
  > Je <u>sais</u> conduire. (○) 나는 운전할 줄 안다.
  > Je ne <u>sais</u> pas parler français. (○) 나는 프랑스어를 할 줄 모른다.

■ ~을 할 허가를 갖다

avoir l'autorisation de faire quelque chose

- Est-ce que je peux garer ma voiture ici? Non, c'est interdit.
  제 차를 주차할 수 있나요? 아니오, 금지되었습니다.

- Est-ce que les enfants de moins de 12 ans peuvent voir ce film?
  12세 미만의 어린이들이 이 영화를 볼 수 있나요?

- On ne peut pas prendre de photos dans ce musée.
  이 박물관에서는 사진 촬영을 할 수 없습니다.

■ 예의바른 표현

1 현재형

- Pouvez-vous me rendre un petit service, s'il vous plaît?
  제게 수고 좀 해 주실래요?

- Pouvez-vous ouvrir la fenêtre, s'il vous plaît?
  창문 좀 열어주시겠습니까?

2 조건법

- Pourriez-vous me rendre un petit service?
  제게 수고 좀 해주시겠습니까?

- Pourriez-vous ouvrir la fenêtre?
  창문 좀 열어주시겠습니까?

발생 가능성

- Une erreur de calcul, ça peut arriver!
  계산 실수, 일어날 수 있는 일이지!

- Il y a des pierres sur le chemin. Attention! on peut tomber!
  길에 돌들이 있어요. 넘어질 수도 있으니 조심하세요.

연습문제

1 Complétez les phrases par «savoir» ou «connaître» au présent.
① Pardon Madame, vous ... le quartier? Est-ce que vous ... où est la rue Lepic ?
② Je ... que cette vieille dame habite dans ma rue mais je ne la ... pas.
③ Tu ... cette fleur? Quel est son nom?

정답 savoir 또는 connaître동사의 현재형으로 문장을 완성시키시오.
① vous connaissez , vous savez.
실례합니다, 부인, 이 동네 잘 아세요? 르빽 가(街)가 어디 인지 아세요?
② Je sais , je ne la connais pas.
나는 이 할머니가 나와 같은 길에 살고 있다고 알지만 누구인지는 모릅니다.
③ Tu connais.
너 이 꽃 아니? 이름이 뭐야?

2 Complétez par «pouvoir» ou «savoir».
① Je... le raccompagner en voiture, mais je ne ... pas comment on va chez toi.
② Je ... faire du ski et j'aime bien ça, mais malheureusement, je ne ... pas en faire souvent.
③ Tu ... jouer de la guitare ?

정답 pouvoir 또는 savoir 동사로 문장을 완성시키시오.
① je peux ; je ne sais pas. 내가 차로 너를 데려다줄 수 있는데 너의 집에 어떻게 가는지 모른다.
② Je sais ; je ne peux pas. 나는 스키할 줄 알고 그걸 좋아하지만 자주 하지는 못한다.
③ Tu sais. 너 기타 연주할 줄 아니?

3 Falloir / Devoir : '～해야 한다'는 의무감의 표현

Devoir + 동사원형

Il faut que + 접속법 ; 개인적인 의무감의 표현

- Je dois <u>rapporter</u> ces livres à la bibliothèque avant samedi.
  = Il faut que je <u>rapporte</u> ces livres à la bibliothèque avant samedi.
  나는 이 책들을 토요일 전에 도서관에 반납해야한다.

- Vous ne devez pas <u>fumer</u> si vous attendez un bébé.
  = Il ne faut pas que vous <u>fumiez</u> si vous attendez un bébé.
  아기를 기다리고 있다면 흡연은 안됩니다.

> **주의** C'est nécessaire que je rende ce travail pour demain. (×)
> J'ai besoin de rendre ce travail pour demain. (×)
> - Je <u>dois</u> rendre ce travail demain. (○)
>   나는 이 일을 내일 전해야 한다.
> - Il faut que je rende ce travail demain. (○)
>   나는 이 일을 내일 전해야 한다.

■ On doit

Il faut + 동사원형 = 일반적인 규칙을 나타내는 표현

- Pour entrer dans un casino, on doit <u>avoir</u> 18 ans.
  = Pour entrer dans un casino, il faut <u>avoir</u> 18 an.
  키지노에 들어가기 위해서는 18세 이상이어야 한다.

- On ne doit pas <u>stationner</u> sur les trottoirs.
  = Il ne faut pas <u>stationner</u> sur les trottoirs.
  인도 위에 주차하면 안 된다.

■ Devoir + 동사원형 = 미래 예정의 표현

Il faut + 동사원형 = 일반적인 규칙을 나타내는 표현

- L'avion doit <u>atterrir</u> sur la piste 2.
  = L'avion va <u>atterrir</u> sur la piste 2.
  비행기는 2번 활주로에 착륙하게 된다.

- Sophie doit <u>passer</u> chez moi samedi prochain.
  = Sophie va <u>passer</u> chez moi samedi prochain.
  소피는 오는 토요일을 내 집에서 보낼 예정이다.

> 연습문제

3 Imitez le modèle.
  Ex. Pierre, il faut que tu achètes des timbres. ➜ Pierre, tu doit acheter des timbres.
  ① Il faut que nous soyons à 8h devant le cinéma!
  ② Il faut que vous preniez l'autobus 21.
  ③ Marine et Pascal, il faut que vous écoutiez les conseils de vos parents!

  정답 다음 [보기]를 따라해 보시오.
  [보기] 삐에르, 너는 우표를 사야한다.
  ① Nous devons être à 8 h. devant le cinéma.
  우리는 8시 전에 영화관에 있어야한다.
  ② Vous devez prendre l'autobus 21.
  당신은 21번 버스를 타야합니다.
  ③ Marine et Pascal, vous devez écouter les conseils de vos parents.
  마린과 파스칼, 부모님의 충고를 들어야합니다.

4 Imitez le modèle.
  Ex. Pour envoyer un paquet / aller à la poste. ➜ Pour envoyer un paquet, il faut aller à la poste. ➜ Pour envoyer un paquet, on doit aller à la poste.
  ① À n'importe quel âge / faire du sport.
  ② En été sur la plage / mettre de la crème solaire.
  ③ La nuit / ne pas faire de bruit.

  정답 [보기]를 따라해 보시오.
  [보기] 소포를 보내려면 우체국에 가야한다.
  ① À n'importe quel âge, il faut/on doit faire du sport.
  어떤 나이든 운동을 해야 한다.
  ② En été sur la plage, il faut/on doit mettre de la crème solaire.
  여름 해변에서는 선크림을 발라야한다.
  ③ La nuit, il ne faut pas/on ne doit pas faire de bruit.
  밤에 소음을 내서는 안 된다.

4 Faire / Laisser + 동사원형

Faire + 동사원형 = ～하게 하다

(être responsable d'une action)

- Le vent fait avancer le bateau.
  바람은 배를 전진하게 한다.

- L'argent de police fait traverser les piétons.
  경찰관은 보행자들이 지나가게 한다.

- Je vais faire chauffer de l'eau pour le thé.
  나는 차를 위한 물을 데우려고 한다.

□ Hier, le petit Nicolas a fait tomber une lampe.
어제, 꼬마 니꼴라는 램프를 떨어뜨리게 했다.

■ Laisser + 동사원형 = ~하도록 내버려두다

(= ne pas empêcher)

□ Laissez dormir le malade : il est très fatigué
= ne l'empêchez pas de dormir
환자가 자도록 내버려 둬라 : 그는 매우 피곤하다 = 그가 자는 것을 방해하지 마라

□ Le vieux monsieur a laissé tomber sa canne.
노인은 지팡이를 떨어뜨렸다.

다음을 비교해보자.

□ Je fais jouer les enfants.
= j'organise leurs jeux
나는 어린이들이 놀게 한다. =내가 그들의 게임을 준비한다.

□ Je laisse jouer les enfants,
= ils jouent tout seuls
나는 어린이들이 놀게 내버려둔다. = 그들은 자기들끼리 논다.

연습문제

5 Imitez le modèle.Ex. Le bébé mange. La mère... . ➡ La mère fait manger le bébé.
① Les plantes poussent. Le soleil... .
② La voiture démarre. Laurent ... .
③ Les enfants chantent. Le professeur ...

정답 [보기]를 따라 해보시오.
[보기] 아기가 먹는다. 어머니는... → 어머니는 아기를 먹게 한다.
① Le soleil fait pousser les plantes. 태양은 식물을 자라게 한다.
② Laurent fait démarrer la voiture. 로랑은 자동차 시동을 건다.
③ Le professeur fait chanter les enfants. 선생님은 학생들을 노래 부르게 한다.

6 Imitez le modèle.Ex. Le bébé dort. La mère ... . ➡ Le bébé dort. La mère laisse dormir le bébé.
① Les voitures passent. L'agent de police... .
② Marie parle, Jean ... .
③ Les voyageurs montent dans l'autobus. Le conducteur... .

정답 [보기]를 따라 해보시오.
[보기] 아기가 잔다. 어머니는 ... → 아기가 잔다. 어머니는 아기가 자도록 내버려둔다.
① L'agent laisse passer les voitures. 경찰관은 차들이 지나가게 놓아둔다.

② Jean laisse parler Marie. 장은 마리가 말하도록 놓아둔다.
③ Le conducteur laisse monter les voyageurs dans l'autobus.
운전기사는 승객들이 버스에 타도록 내버려둔다.

7 Complétez les phrases avec les verbes indiqués.

① (pouvoir, savoir, connaître) : Est-ce que vous... où on ... dîner près d'ici parce que je ne ... aucun restaurant dans le quartier ?

② (pouvoir, vouloir) : - Tu ... du gâteau au chocolat ? Non merci, je ne ... pas en manger : je fais un régime. - Laurent ... devenir pilote mais je pense qu'il ne ... pas parce qu'il n'est pas assez fort en mathématiques. - Albert, tu ... aller jouer au football mais je ... que tu rentres à 18h.

③ (devoir, falloir) : Qu'est-ce qu'il ... faire pour s'inscrire dans cette école ? On ... avoir le bac et présenter une lettre de mativation.

정답 제시된 동사들로 문장을 완성시켜보시오.
① vous savez ; on peut ; je ne connais.
가까운 곳에서 저녁식사 할 수 있는 곳 아세요. 이 동네 어느 식당도 몰라서요?
② Tu veux ; je ne peux pas
쵸코 케이크 원하세요? 아니오, 됐습니다. 다이어트 중이라 먹을 수 없습니다.
veut devenir ; il ne pourra pas
로랑은 조종사가 되길 원하지만 수학을 잘 못해서 되기 힘들 것으로 생각한다.
tu peux aller ; je veux.
알베르, 축구 하러가도 되지만 오후 6시에는 오길 바란다.
③ faut ; doit.
이 학교에 등록하려면 어떻게 해야 하나요? 대학입학자격을 취득하고 지원동기서를 제출해야 합니다.

DELF B1

8 Vous avez déjeuné chez des Français ; vous avez fait des erreurs et vous avez noté quelques règles traditionnelles de savoir-vivre. Vous les écrivez dans une lettre à un ami. Utilisez : «on doit, on ne doit pas, il faut, il ne faut pas».

Ne mettez pas vos mains sous la table!
Ne parlez pas la bouche pleine!
Ne commencez pas à manger avant la maîtresse de maison!
Coupez votre pain avec les mains!
Ne vous servez pas seul! C'est la maîtresse de maison qui vous servira!
Lorsque vous êtes invité, ne pliez pas votre serviette à la fin du repas!

Chère amie,
Hier soir, je suis allé dîner dans une famille française et je vais t'apprendre quelque règles très importants : Il ne faut pas mettre ses mains sous la table. On doit les mettre sur la table.
On ne doit pas .....
.....
.....

Qu'en penses-tu? Existe-t-il les mêmes règles dans ton pays?
Rèponds-moi

                  À bientôt.

                  Robin

정답 당신은 프랑스 가정에서 식사했습니다. 실수를 했고 매너의 전통 규칙 몇 가지를 적었습니다. 친구에게 보내는 편지에서 그것을 씁니다. 《on doit, on ne doit pas, il faut, il ne faut pas》를 이용해 보시오.

〈답안의 예〉
On ne doit pas parler la bouche pleine.
Il ne faut pas commencer à manger avant la maîtresse de maison.
On doit couper le pain avec les mains.
On ne doit pas se servir seul. Il faut attendre que la maîtresse de maison vous serve.
Il ne faut pas plier sa serviette à la fin du repas.

입에 음식을 물고 말해선 안 된다.
그 집 주부 보다 먼저 시작하면 안 된다.
빵은 손으로 잘라야한다.
혼자 먹기 시작하면 안 된다. 주부가 서빙해주기를 기다려야한다.
식사 후에 냅킨을 접어선 안 된다.

11 명사

1 명사 앞에는 일반적으로 한정사가 온다

1 한정사는 다음이 될 수 있다.

- 관사 : un dictionnaire 사전, la maison 집, du pain 빵
- 지시형용사 : ce livre 이 책
- 소유형용사 : ma mère 내 어머니
- 숫자 : deux stylos 두 개의 만년필
- 부정(不定)형용사 : plusieurs stylos 몇 개의 만년필
- 의문형용사 : quel jour ? 어느 날?

2 형용사, 보어, 관계절로 보완될 수 있다. 이른바 명사군(群)이다.

Nous avons visité un château – très ancien. (형용사) 우리는 오래 된(형용사) 성을 방문했다.

– du XIIe siècle. (보어) 우리는 12세기의 (보어) 성을 방문했다.

– qui est aujourd'hui un musée du vin.(관계절)
우리는 지금 와인 박물관인(관계절) 성을 방문했다.

[남성과 여성]

■ 생물 명사 (사람, 동물)

여성을 만들기 위해서는 남성에 e를 붙인다.

1 발음은 변하지 않는 경우

un ami → une amie 친구
l'employé → l'employée 직원

2 발음이 달라지는 경우

a) 끝 자음의 발음

un marchand → une marchande 상인

un Chinois → une Chinoise 중국인

b) 마지막 모음과 자음

un Américain → une Américaine 미국인

un cousin → une cousine 사촌

un étranger → une étrangère 외국인

un infirmier → un infirmière 간호사

un champion → une championne 챔피언

un chien → une chienne 개

주의 copain → une copine 친구

1) 남성형에서 끝 〈r〉를 발음하지 않는다. : étranger [e] 외국인
여성형에서 악쌍 그라브 사용 : une infirmière [εR] 간호사
2) 자음이 중첩되는 경우 : une championne 챔피언 / une chienne 개

3 남성 → 여성 어미

-eur → euse   vendeur → vendeuse 점원

　　　　　　　　coiffeur → coiffeuse 미용사

-teur → trice   acteur → actrice 배우

　　　　　　　　directeur → directrice 사장, 장(長)

4 특이한 경우

le mari 남편 → la femme 아내

l'oncle 아저씨 → la tante 아줌마

le père 아버지 → la mère 어머니

le neveu 조카(남) → la nièce 조카(여)

le garçon 소년 → la fille 소녀

le coq 수탉 → la poule 암탉

le fils 아들 → la fille 딸

le mâle 수컷 → la femelle 암컷

e로 끝나서 남녀 형태가 동일한 한정사로 성을 구별한다.

le / la touriste 관광객　　　　le / la propriétaire 소유자

un / une élève 학생　　　　　le / la ministre 장관

■ 무생물 명사 (사물과 아이디어)

일반적으로 정해진 규칙이 없다. 한정사가 성을 나타낸다. 사전을 참조해야한다.

le soleil 해 / la lune 달
le travail 일 / la vie 삶
le stylo 만년필 / la maison 집

몇몇 어미는 성을 나타내지만, 예외가 있다.

여성 -ion → la nation 국가, la négation 부정(否定), l'opinion 의견, la région 지역
   -té → la beauté 아름다움, la facilité 용이함
   -ure → la fermeture 폐쇄, la coiffure 미용, l'écriture 글쓰기, la peinture 회화
   -eur → la chaleur 열기, la longueur 길이, la largeur 넓이
   -esse → la richesse 부유함, la politesse 예의, la vitesse 속도
   ette → l'allumette 성냥, la calculette 계산기, la cigarette 담배
   -ie → l'économie 경제, la vie 인생, la psychologie 심리학
   -ée → la cheminée 굴뚝, l'arrivée 도착, la pensée 사고 (思考)
   -ude → la solitude 고독, l'habitude 초조함, l'inquiétude 습관

예외 : le bonheur 행복, le radiateur 라디에이터, le musée 박물관, la plage 해변,
   la page 페이지

1 남성 -isme → le socialisme 사회주의, le capitalisme 자본주의, le journalisme 저널리즘
   -ment → le sentiment 감정, le changement 변화
   -age → le voyage 여행, le fromage 치즈, le village 마을
   -ier → le rosier 장미나무, le pommier 사과나무, le prunier 자두나무
   -al → l'animal 동물, le festival 축제, l'hôpital 병원, le journal 신문
   -et → le bouquet 꽃다발, le paquet 꾸러미, 갑, le jouet 장난감
   -(e)au → le tuyau 관, 파이프, le bureau 사무실, le tableau 액자, 그림, le manteau 외투

2 단수와 복수

■ 일반적인 복수형

명사에 s를 붙이며 이 s는 발음하지 않는다. 발음으로 구분히는 것은 다음과 같은 한정사다.

une table → des tables 탁자들
mon frère → mes frères 형제들

■ 불규칙한 복수형

1 x를 붙이는 경우

-eau   un bateau 배 → des bateaux
       un château 성(城) → des châteaux
-eu   un cheveu 머리카락 → des cheveux
       un jeu 게임 → des jeux
-ou로 끝난 몇몇 명사   un chou 양배추 → des choux
       un bijou 보석 → des bijoux

2 《al》로 끝난 많은 명사는 《aux》가 된다.

un journal 신문 → des journaux
un animal 동물 → des animaux
un hôpital 병원 → des hôpitaux

> **주의** travail(일, 작업)의 복수는 travaux

3 단수/복수 형태가 다른 경우

un œil 눈(眼) → des yeux
un jeune homme 젊은이 → des jeunes gens
monsieur 므슈, ~씨 → messieurs
madame 마남 → mesdames
mademoiselle 마드모아젤 → mesdemoiselles

> **주의** la madame / la mademoiselle (×)
> Madame / Mademoiselle (○)

4 s, x, z로 끝난 명사는 복수형이 달라지지 않는다.

un pays 나라 → des pays
une voix 목소리 → des voix
un gaz 가스 → des gaz

프랑스인의 성(姓)은 복수에 s를 붙이지 않는다.
Les Dumont 뒤몽 가족
(= la famille Dumont)

> 연습문제

1 Écrivez au pluriel.
  Ex. un morceau ➡ des morceaux

  un cheval →

  une noix →

  un nez →

  un bras →

  un genou →

  un cahier →

  un chapeau →

  > **정답** 복수형으로 써보시오.
  > [보기] 조각, 단편 → 조각들
  > des chevaux 말(馬), des noix 호두, des nez 코, des bras 팔, des genoux 무릎, des cahiers 노트, des chapeaux 모자

2 Formez le féminin.
  Ex. un journaliste ➡ une journaliste

  un inconnu →
  un acteur →
  un Allemand →
  un Coréen →
  un client →
  un boulanger →

  > **정답** 여성형을 만드시오.
  > [보기] 기자 → 여기자
  > une inconnue 모르는 사람, une actrice 여배우, une Allemande 독일여자, Coréenne 한국여자, une cliente 고객, une boulangère 빵만드는 여자

3 Écrivez l'article défini «le» ou «la».
  ... gouvernement / ... lecture / ... garage / ... baguette / ... réalisme / ... jeunesse / ... vérité
  ... traduction / ... profondeur / ... cerisier

  > **정답** 정관사를 써보시오.
  > le gouvernement 정부(政府); la lecture 독서 ; le garage 차고 ; la baguette 바게뜨 ; le réalisme 사실주의 ; la jeunesse 젊음 ; la vérité 진실 ; la traduction 번역; la profondeur 깊이 ; le cerisier 체리나무

4 a. Barrez le nom masculin.

  ① fleur – vêtement – administration – faiblesse

  ② bonté - ouverture - voyage - division

  ③ hauteur – finesse – tablette – poirier

  b. Barrez le nom féminin

  ① lavage – profession – appartement - racisme

  ② instrument – plage - âge - panier

  ③ bonheur – festival – fauteuil – tendresse

> **정답** a. 남성명사에 선을 그어보시오.
> ① vêtement 옷
> ② voyage 여행
> ③ poirier 배나무
>
> b. 여성명사에 선을 그어보시오.
> ① profession 직업
> ② plage 해변
> ③ tendresse 부드러움

5 Complétez par l'article indéfini «un» ou «une» puis mettez au pluriel.
Ex. ...fenêtre ➜ une fenêtre ➜ des fenêtres

...orage	des...	...canal	des...
..locataire	des...	...conversation	des...
..religion	des...	...prix	des...
..animal	des...	...bâtiment	des...

> **정답** 부정관사 un, une를 쓰고 복수형으로 만들어보시오.
> un orage/des orages 폭풍우, un locataire/des locataires 세입자, une religion/des religions 종교, un animal/des animaux 동물, un canal/des canaux 운하, une conversation/des conversations 대화, un prix/des prix 상(賞), un bâtiment/des bâtiments 건물

6 Complétez le texte par «le, la, les».
...portrait de Mona Lisa par Leonard de Vinci est ... tableau le plus connu de musée du Louvre. Tous ... touristes veulent voir ... visage et ... sourire mystérieux de ... belle jeune femme du XVIe siècle. Ne manque pas ... visite de ... salle où est exposée ... célèbre peinture !

> **정답** 《le, la, les》로 텍스트를 완성시키시오.
> Le, le, les, le, le, la, la, la, la.
> 레오나르도 다빈치에 의한 모나리자 초상은 루브르박물관에서 제일 유명한 그림이다. 모든 관광객은 16세기 아름다운 젊은 여인의 얼굴과 신비한 미소를 보기 원한다. 유명한 그림이 전시된 방을 방문하는 것을 놓치지 마세요.

DELF B2

7 Complétez cette annonce avec le nom au féminin.

Nous recherchons un Américain ou une Améric... , un animateur ou une ... , un comédien ou une ... , un coiffeur on une ... , un pâtissier on une ... et un touriste chinois ou une ... pour animer les activités culturelles de notre centre pour les jeunes.

Répondre avant le 15 septembre.

> **정답** 여성 명사로 광고 글을 완성시켜보시오.
> Américaine ; animatrice ; comédienne ; coiffeuse ; pâtissière ; touriste Chinoise.
> 우리는 미국남자 또는 미국여자, 남/녀 사회자, 남/녀 코미디언, 남/녀 미용사, 남/녀 과자 제조인, 남/녀 중국 관광객을 청년을 위한 우리 센터의 문화활동을 위해 찾고 있습니다.
> 9월 15일까지 답해주십시오.

8 Mettez au pluriel les mots soulignés dans le texte suivant.
Ex. Améliorer la méthode de travail ➜ Améliorer les méthodes de travail

Un programme pour transformer l'école :
- donner à tous <u>le moyen</u> de réussir   -acheter <u>un ordinateur au professuer</u>
- encourager le <u>travail</u> de groupe   - faire participer <u>l'élève à un projet</u>
- donner un cours d'informatique <u>à l'élève</u>

정답 밑줄 친 단어를 복수로 써보시오.
[보기] 작업방법 개선하기 → 작업방법들 개선하기
les moyens ; les travaux ; des cours d'informatique aux élèves ; des ordinateurs aux professeurs ; les élèves à des projets.
학교를 변화시키기 위한 프로그램
모두에게 성공할 방법을 주기, 선생님께 컴퓨터 구입해주기
그룹 작업 격려하기, 학생을 프로젝트에 참여시키기
학생에게 전산교육 시키기

12 관사

1 정관사

	남성	여성
단수	le train 열차	la gare 기차역
복수	les trains	les gares

 《le》, 《la》 + 모음이나 무음의 h :
l'avion 비행기 / **l'hôtesse de l'air** 스튜어디스
습관을 나타낼 때에도 정관사를 쓴다.
Le Louvre est fermé le mardi 루브르는 화요일에 닫는다.

▌정관사의 용법

1 사람이나 사물 명사 앞에

알려진	le Premier ministre 총리	la France 프랑스
유일한	le soleil 태양	la terre 대지
정해진	les amis de Nicolas 니꼴라의 친구들	les rues de Marseille 마르세유 거리들

2 일반적인 가치를 가진 명사 앞에서

□ J'aime le jazz et la peinture moderne.
  나는 재즈와 현대회화를 좋아한다.

□ Je prends le métro chaque jour.
  나는 매일 지하철을 탄다.

□ Vive la République !
  공화국 만세

관사의 축약

à + le → au   Je vais au cinéma. 나는 영화관에 간다.
à + les → aux   Ils habitent aux États-Unis. 그들은 미국에 산다.

그러나 à la 는 그대로 사용한다.

□ Je suis à la maison.
  나는 집에 있다.

à l'   Il va à l'hôtel. 그는 호텔에 간다.

de + le → du   C'est le chien du gardien. 경비원의 개다.
de + les → des   Écoute le chant des oiseaux ! 새들의 노래를 들어라.

그러나

de la   Où est la clé de la porte ? 문 열쇠 어디 있지?
de l'   Regarde l'écran de l'ordinateur ! 컴퓨터 화면 봐라.

국가 이름 앞에 정관사가 온다. (예외 : Israël, Cuba, ...).

J'ai visité Mexique et États-Unis. (×)
J'ai visité le Mexique et les États-Unis. (○)
나는 멕시코와 미국을 방문했다.

연습문제

1 Complétez par l'article défini.
  ① ... rose est une fleur.
  ② ... tournage de ce film a duré six mois.
  ③ ... Corée est un pays d'Asie.

  정답 정관사로 완성시켜보시오.
    ① La 장미는 꽃이다
    ② Le 이 영화의 촬영은 6개월간 지속되었다.
    ③ La 한국은 아시아 국가이다.

2 Faites les contractions nécessaires.
  ① Il a mal (à les) dents. → ... dents
  ② C'est une tarte (à le) citron. → ... citron
  ③ Le pharmacien (de le) village. → ... village.

  정답 필요한 축약을 해보시오.
    ① aux 그는 치통을 앓는다.   ② au 레몬 타르트이다.   ③ du 동네의 약사

2 부정관사

	남성	여성
단수	un jardin 정원	une fleur 꽃
복수	des jardins	des fleurs

1 부정관사는 정해지지 않은 사람, 사물 명사 앞에 쓰인다.

- Il y a un agent de police dans la rue.
  길에 경찰관이 있다.

- M.Duval vient d'acheter une maison en Provence.
  뒤발 씨는 최근에 프로방스에 있는 집을 구입했다.

- Isabelle porte des lunettes de soleil.
  이자벨은 선글래스를 쓴다.

> **주의** Marie porte la jupe longue. (×)
> Marie porte une jupe longue. (○)
> 마리는 긴 치마를 입는다.

2 복수명사 앞에 형용사가 올 때 《des》는 《de》가 된다.

- Voilà des tulipes jaunes. Voilà de belles tulipes jaunes.
  노란 튤립들이 있다. 아름다운 노란 튤립들이 있다.

- Ce sont des amis, Ce sont de bons amis.
  친구들이다. 좋은 친구들이다.

다음을 비교해보자.

- J'ai acheté un roman de Camus.   J'aime les romans.
  (Je ne dis pas lequel)   (en général)
  나는 까뮈의 소설을 한 권 샀다.   나는 소설을 좋아한다.

- Voilà des photos : ce sont les photos de nos vacances.
  (lesquelles? on ne sait pas)   (elles sont déterminées)
  사진들이 있다.   바캉스 사진들이다.

> **연습문제**

3 Imitez le modèle.
   Ex. C'est ... sac. C'est ... sac de Marie. ➜ C'est un sac. C'est le sac de Marie.
   ① C'est ... porte-monnaie. C'est ... porte-monnaie de Régis.
   ② Ce sont ... chaussures de tennis. Ce sont... chaussures de Simon.
   ③ C'est ... écharpe. C'est ... écharpe de Sylvie.

   > **정답** [보기]를 따라해보시오.
   > [보기] 가방이다. 마리의 가방이다.
   > ① **un, le** 동전지갑이다. 레지스의 동전지갑이다.
   > ② **des, les** 테니스 신발이다. 시몽의 테니스화다.
   > ③ **une, l'** 스카프다. 실비의 스카프다.

4 Complétez par l'article défini ou indéfini.
   ① J'ai fait ... rêve merveilleux ... rêve que j'ai fait était merveilleux.
   ... famille de ma belle-sœur est très sympathique. Ma belle-sœur a ... famille très sympathique.
   Camille a ... lave-vaisselle très silencieux. ... lave-vaisselle de Camille est très silencieux.
   ② Vous êtes ... directrice de l'hôtel Parisiana ? Est-ce que vous avez ... chambre ? Oui, ... chambre 25 est libre. Elle a ... grand balcon qui donne sur ... jardin de ... hôtel.
   ③ Agathe est une adolescente à la mode : elle a ... cheveux très blonds et très courts, comme ... garçon. Elle porte toujours ... tee-shirt noir, ...veste noire aussi, ... jean et ... chaussures de tennis. Elle aime ... musique techno, elle déteste ... sport.

   > **정답** 정관사나 부정관사로 완성시켜보시오.
   > ① **un, Le, La, une, un. Le**
   > 나는 멋진 꿈을 꿨다. 내가 꾼 꿈은 멋졌다.
   > 내 시누이(동서/형수/제수)의 가족들은 정답다. 내 시누이는 정다운 가족을 가졌다.
   > 까미유는 아주 조용한 식기세척기를 가졌다. 까미유의 식기세척기는 아주 조용하다.
   > ② **le, une, la, un, le, l'**
   > 빠리지아나 호텔 지배인이세요? 방 있나요? 네, 25호실이 비어있습니다. 발코니가 크고 호텔 정원에 접해있습니다.
   > ③ **les, un, un, une, un, des, la, le**
   > 아가뜨는 유행을 따르는 청소년이다. 짧고 아주 금발인 머리는 소년 같다. 늘 검은 티셔츠, 검은 자켓에 청바지 차림으로 테니스화를 신는다. 테크노 음악을 좋아하고 스포츠는 싫어한다.

3 부분관사

남성	여성
du pain 빵	de la bière 맥주

> **주의** 《du》, 《de la》 + 모음이나 무음의 h
> de l'<u>e</u>au 물   de l'<u>h</u>uile 기름
> 부분관사는 정해지지 않은 어느 정도의 양을 나타낸다.

1 음식 이름

- Au petit déjeuner, je prends du thé, du pain avec du beurre et de la confiture.
  나는 아침식사와 차와 함께 버터, 잼을 바른 빵을 먹는다.

2 날씨에 관련된 명사

- Pour demain, on annonce du soleil le matin mais de la pluie le soir.
  내일, 오전에는 햇볕이 나겠지만 저녁에는 비가 올 것으로 예보한다.

3 추상명사

- Clément est un garçon formidable ! il a du courage, de la patience, de l'humour !
  끌레망은 멋진 소년이다. 용기, 인내심 그리고 유머가 있다.

4 정관사와 부정관사

- J'adore le chocolat! (en général 일반적으로)
  나는 초콜릿을 좋아한다.

- Je mange du chocolat. (un morceau de chocolat 초콜릿 한 조각)
  나는 초콜릿을 좀 먹는다.

- La neige tombe.
  눈이 온다.

- Il y a de la neige partout.
  도처에 눈이 있다.

형용사와 같이 쓰일 때는 부분관사 자리에 부정관사를 쓴다.

- J'ai mangé du fromage. 나는 치즈를 먹었다.
          un excellent fromage. 훌륭한 치즈

- Il y a du soleil. 햇볕이 있다.
          un beau soleil. 멋진 햇볕

- Ma mère a fait de la confiture. 어머니는 잼을 만드셨다.
              une très bonne confiture. 아주 훌륭한 잼

- Élise a acheté de la crème pour le visage. 엘리즈는 얼굴 크림을 샀다.
              une crème hydratante. 수분을 주는 크림

acheter 사다, manger 먹다, boire 마시다, prendre 잡다, 취하다, vouloir 원하다, mettre 놓다 동사 다음에 부분관사가 자주 쓰인다.

- J'achète de la peinture.
  나는 그림을 산다.

- Il boit de la bière.
  그는 맥주를 마신다.

- Elle met du temps à venir.
  그녀는 오는데 시간이 걸린다.

5 정관사, 부정관사, 부분관사 비교

- Les Français aiment beaucoup le pain.
  프랑스인들은 빵을 좋아한다. (일반적으로)

- Je mange du pain à tous les repas.
  나는 세 끼 식사에 빵을 먹는다. (정해지지 않은 양)

- Ce boulanger fait un pain délicieux.
  이 제빵사는 맛있는 빵을 만든다. (형용사)

4 부정문에서의 관사

1 부정관사와 부분관사는 ne...pas / ne ...jamais / ne ...plus 같은 부정의 표현과 같이 쓰일 때 pas de가 된다. 그러니까 직접목적어(~을, 를)로 부정이 될 때 pas de가 된다.

　　　　　　　pas un(e)
　　　　　　　pas des
　　　　　　　pas du　　　→　pas de / pas d'
　　　　　　　pas de la
　　　　　　　pas de l'

- Nous avons un enfant. → Nous n'avons pas d'enfant.
  우리는 자식이 하나 있다.　　　우리는 자식이 없다.

- Il y a du soleil. → Il n'y a pas de soleil
  햇볕이 있다.　　　　햇볕이 없다.

- Il y a encore de l'espoir. → Il n'y a plus de l'espoir.
  아직 희망이 있다.　　　　　　더 이상 희망은 없다.

- Lucie a une moto. → Lucie n'a pas de moto.
  뤼씨는 오토바이가 있다.　　뤼씨는 오토바이가 없다.

2 부정관사와 부분관사는 《c'est》, 《ce n'est pas》 구문에서는 변하지 않는다.

- C'est du coton. → Ce n'est pas du coton.
  면(綿)이다.　　　　　면이 아니다.

- C'est un vrai diamant. → Ce n'est pas un vrai diamant.
  진짜 다이아몬드다.　　　　진짜 다이아몬드가 아니다.

- Ce sont des chameaux. → Ce ne sont pas des chameaux.
  낙타들이다.　　　　　낙타들이 아니다.

3 정관사는 부정문에서도 바뀌지 않는다.

- J'aime le vin → Je n'aime pas le vin.
  나는 포도주를 좋아한다.　나는 포도주를 좋아하지 않는다.

- Je bois du vin. → Je ne bois pas de vin.
  나는 포도주를 마신다.　나는 포도주를 마시지 않는다.

- Nous aimons la bière. → Nous n'aimons pas la bière.
  우리는 맥주를 좋아한다.　　우리는 맥주를 좋아하지 않는다.

- Nous buvons de la bière. → Nous ne buvons pas de bière.
  우리는 맥주를 마신다.　　우리는 맥주를 마시지 않는다.

- Je déteste les films policiers. → Je ne déteste pas les films policiers.
  나는 경찰 영화를 싫어한다.　　　나는 경찰 영화를 싫어하지 않는다.

- Je vais voir des films policiers. → Je ne vois jamais de films policiers.
  나는 경찰 영화를 보러 가겠다.　　나는 경찰영화를 전혀 보지 않는다.

연습문제

5 Complétez par un article indéfini, un article partitif ou par «de».

Pour Laurent, tout va bien ; il a ... chance : il a ... argent, ... maison avec ..jardin et ... garage, ... voiture. Il a ... ami, il fait ... sport et ... musique.

Mais pour Éric, tout va mal ; il n'a pas ...chance : il n'a pas ... argent, pas...maison, pas ...jardin, pas ...voiture, pas ... garage. Il n'a pas ... amis. Il ne fait pas ... sport et il ne fait pas ... musique.

> **정답** 부정관사, 부분관사 또는 de로 완성시키시오.
> Pour Laurent... de la, de l', une, un, un, une, des, du, de la.
> 로랑은 모든 일이 잘 된다. 운이 있고 돈과 정원, 차고가 있는 집, 차가 있고 스포츠와 음악을 한다.
> Mais pour Éric... de, d',de, de, de, de, d', de, de
> 하지만 에릭은 모든 일이 안 된다. 그는 운이 없고 돈, 집, 정원, 차, 차고가 없다. 친구가 없다. 그는 스포츠도 음악도 하지 않는다.

5 관사의 생략

1 다음과 같은 양의 표현에서 관사를 사용하지 않는다.

beaucoup 많은	un kilo 1킬로의
plus 더 많은	une tasse 한 잔의
autant 그만큼의	un paquet 한꾸러미의
moins 더 적은	un morceau 한 조각의 de, d'
un peu 약간의	une bouteille 한 병의
trop 지나친 양의	une boîte 한 박스, 캔의
assez 충분한	une tranche 얇게 썬 한 장의

□ **Beaucoup de** touristes visitent les châteaux de la Loire.
많은 관광객들이 루아르 강변의 성들을 방문한다.

□ Prête-moi **un peu d'**argent !
약간의 돈 좀 빌려다오.

□ Donnez-moi **un kilo** de fraises, s'il vous plaît !
딸기 1킬로 주세요.

□ J'ai acheté **trois bouteilles de** vin.
나는 와인 세 병을 샀다.

J'ai beaucoup du travail. (×)
J'ai beaucoup de travail. (○)
나는 일이 많다.

J'ai beaucoup des amis. (×)
J'ai beaucoup d'amis. (○)
나는 친구가 많다.

J'aime beaucoup de fromage. (×)
J'aime beaucoup le fromage. (○) 나는 치즈를 아주 좋아한다.
Je mange beaucoup de fromage. (○) 나는 치즈를 많이 먹는다.

2 두 번째 명사가 첫 번째 명사의 의미를 구체화하는 명사군(群)에서는 관사를 쓰지 않는다.

une carte de	-crédit 신용카드	une salle de	-classe 교실
	-bibliothèque 도서관 카드		-séjour 거실
	-séjour 체류증		-cinéma 영화관
			-bain 욕실

d'　　　　-étudiant 학생증　　　　d'　　　　-attente 대합실
　　　　　-identité 신분증

다음을 비교해보자.

- **Nous avons acheté une table de cuisine.** (un certain type de table)
  우리는 부엌용 탁자를 샀다.

- **Pose le pain et la viande sur la table de la cuisine.** (la table de notre cuisine)
  빵과 고기를 부엌 탁자위에 놓아라.

- **J'ai besoin d'une photo d'identité pour mon passeport.** (un type de photo)
  나는 여권용 신분증 사진이 필요하다.

- **Regarde ! C'est une photo de la petite Émilie.** (une photo particulière)
  봐라. 꼬마 에밀리 사진이다.

연습문제

6 Imitez le modèle.
  a. Du sel (un peu) ➜ Un peu de sel
  ① des touristes (beaucoup) → beaucoup…
  ② du travail (trop) → trop…
  ③ de l'eau (assez) → assez…

  b. Un album avec des photos ➜ Un album de photos
  ① un ballon pour le football →
  ② un bouquet avec des tulipes →
  ③ des chaussures pour le sport →

  정답 [보기]를 따라해 보시오.
  [보기] 소금 (약간) → 약간의 소금
  a. beaucoup de touristes 많은 관광객, trop de travail 너무 많은 일, assez d'eau 충분한 물, plus de confiture 더 많은 잼
  b. un ballon de football 축구공, un bouquet de tulipes 튤립 꽃다발, des chaussures de sport 운동화, une agence de voyages 여행사

7 Complétez les phrases par l'article indéfini ou partitif.
  Au supermarché, j'ai acheté … pommes de terre, … salade, … melon, … viande et … fromage. J'ai aussi acheté … paquet de café, … moutarde, … jus de fruits et … bouteille de vin.

  정답 부정관사나 부분관사로 문장을 완상시키시오.
  des, de la/une, un, de la, du/un, un, de la, des, une
  슈퍼마켓에서 나는 사과, 샐러드, 멜론, 고기, 치즈를 샀다. 나는 커피 한 봉지, 겨자, 과일주스, 한 병의 와인을 샀다.

8 Complétez par un article quand c'eat nécessaire.

① Chloé est à ... aéroport Charles de Gaulle. Il y a beaucoup de ... monde parce que ce sont ... vacances de Noël. ... gens vont et viennent dans ... hall. Ils achètent ... souvenirs, ... parfums, ... journaux. Chloé regarde ... avions. ... jeune fille lui dit bonjour. Chloé la regarde. C'est Lucie, ... camarade d'école. Elle va à ... Mexique comme Chloé. Elles vont faire ... voyage ensemble.

② Dans ce restaurant, ... plats sont bons, mais ... vin est cher. Aujourd'hui, je vais prendre ... plat du jour mais je ne boirai pas ... vin. Je vais demander ... bouteille d'eau mineral. Je n'aime pas beaucoup ... desserts, je préfère ... fruits. Pour finir, je prendrai ... café.

> **정답** 필요하면 관사를 써보시오.
>
> ① à l'aéroport, beaucoup de monde, les vacances, Les gens, le hall, des souvenirs, des parfums, des journaux, les avions, Une jeune fille, une camarade, au Mexique, le voyage.
> 클로에는 샤를르 드골 공항에 있다. 크리스마스 휴가철이라 사람이 많다. 로비에 사람들이 오간다. 사람들은 기념품, 향수, 신문을 산다. 클로에는 비행기들을 본다. 어떤 아가씨가 인사를 한다. 학교 친구 뤼씨다. 클로에처럼 멕시코에 간다. 그 여자들은 같이 여행한다.
>
> ② les plats, le vin, le plat, pas de vin, une bouteille d'eau, les desserts, les fruits, du/un café
> 이 식당은 요리는 훌륭하지만 와인은 비싸다. 오늘 나는 "오늘의 요리"를 먹겠지만 와인은 마시지 않을 것이다. 나는 미네랄 워터를 주문할 것이다. 나는 디저트를 별로 좋아하지 않고 과일을 선호한다. 끝으로 커피를 마실 것이다.

DELF A1

9 Complétez cette présentation avec les articles qui conviennent : «le, la, l', les, un, une, des, du, ...»

Alfred Hitchcock
C'est ... nom d'... grand cinéaste américain d'origine anglaise. Il a fait ... films qui ont toujours ...succès aujourd'hui. C'est ...spécialiste ... film policier à suspens. Si vous avez ... ordinateur, vous pouvez regarder ses films ... plus connus sur ... site Internet Alfred Hitchcock.
Hollywood fêtera ... 13 août ... anniversaire ... centenaire de sa naissance.

> **정답** le, un, des, du, le, du, un, les, le, le, l', du
> 알프레드 히치코크. 영국 출신의 위대한 미국 영화인이다. 오늘날까지 성공을 거두고 있는 영화들을 제작했다. 서스펜스 경찰 영화 전문가다. 당신이 컴퓨터가 있다면 알프레드 히치코크 인터넷 사이트에서 그의 영화들을 볼 수 있다. 헐리우드는 8월 13일 그의 탄생 100주년 기념행사를 할 예정이다.

10 Partez en Grèce.

Plage, mer, soleil ...   Hôtels confortables, restaurants bon marché
Sport : natation, ski nautique   Excursion : monuments
Atmosphère animée, gens accueillants
Après avoir lu cette publicité, vous passez vos vacances en Grèce. Vous écrivez une carte postale à votre amie Anne. Utilisez tous les éléments de la publicité.

Chère Anne
Je passe des vacances formidables en Grèce. Il y a la plage, ...

정답 그리스로 떠나세요. 해변, 바다, 태양 쾌적한 호텔, 저렴한 식당
스포츠 : 수영, 수상 스키 소풍 : 기념물
활기찬 분위기, 맞이하는 사람들
이 광고를 읽고 그리스에서 휴가를 보냅니다. 친구 안느에게 엽서를 보냅니다. 광고의 모든 내용을 이용해 보시오.

Chère Anne,

Je passe des vacances formidables en Grèce. Il y a la plage, la mer, le soleil.
Je fais du sport : de la natation et du ski nautique.
L'atmosphère est animée et les gens sont accueillants.
Les hôtels sont confortables et les restaurants sont bon marché.
Les excursions sont intéressantes et les monuments sont splendides.

À bienôt

Nadia

13 소유형

1 소유 형용사

소유형용사는 항상 명사 앞에 놓인다. 말하자면 한정사이다. 소유형용사는 명사의 성과 수에 일치한다.

소유자에 따른 소유형용사

소유자	단수		복수	
	남성	여성	단수	복수
ju tu il/ell	mon père 내 아버지 ton père 네 아버지 son père 그/그녀의 아버지	ma voiture 내 차 ta voiture 네 차 sa voiture 그/그녀의 차	mes parents 내 부모님 tes parents 네 부모님 ses parents 그/그녀의 부모님	mes chaussures 내 신발 tes chaussures 네 신발 ses chaussures 그/그녀의 신발들

□ Où as-tu acheté tes lunettes de soleil ? Elles sont très jolies !
  너 선글래스 어디서 샀니? 아주 예쁘다.

□ J'ai un frère et une sœur ; mon frère est étudiant en médecine et ma sœur est encore au lycée.
  나는 형제와 누이가 있다. 형제는 의대 학생이고 누이는 여고생이다.

> **주의** 여성이지만 모음이나 무음 h로 시작하는 명사 앞에서는 mon, ton, son을 써야 한다.
> mon école 내 학교, ton hôtel 너의 호텔, son amie 그의 여자친구, son horloge 그의 시계
> 1) **le livre de moi** (×)
>   **mon livre** (○) 내 책
> 2) **la sœur de François, son sœur** (×)
>   **sa sœur** (○) 그의 누이

여러 명의 소유자

소유자	단수		복수	
	남성	여성	남성	여성
nous vous ils/elles	notre professeur 우리 선생님 votre professeur 당신의 선생님 leur professeur 그들의 선생님	notre maison 우리 집 votre maison 당신 집 leur maison 그들의 집	nos vêtements 우리 옷들 vos vêtements 당신들 옷들 leurs vêtements 그들의 옷들	nos amies 우리 여자친구들 vos amies 당신들 여자친구들 leurs amies 그들의 여자친구들

□ Paul et moi, nous aimons bien jardiner ; notre jardin est plein de fleurs.
뽈과 나는 정원가꾸기를 좋아한다. 우리 정원은 꽃으로 가득 찼다.

□ Les Dupont ne sont pas partis en vacances parce que leur petit garçon est malade.
뒤뽕 가족은 꼬마 아들이 아파서 휴가를 떠나지 못했다.

3인칭에 주의

1 소유자 한 명 → son, sa, ses

C'est le père d'Olivier. → C'est son père. 그의 아버지다.
C'est le père de Sophie. → C'est son père. 그녀의 어머니다.
C'est la mère d'Olivier. → C'est sa mère. 그의 어머니다.
C'est la mère de Sophie. → C'est sa mère. 그녀의 어머니다.
Ce sont les parents d'Olivier. → Ce sont ses parents. 그의 부모님이다.
Ce sont les parents de Sophie. → Ce sont ses parents. 그녀의 부모님이다.

2 여러 명의 소유자 → leur, leurs

□ C'est la tante d'Olivier et de Sophie. → C'est leur tante.
그들의 아주머니다.

□ Ce sont les cousins d'Olivier et de Sophie. → Ce sont lerus cousins.
그들의 사촌들이다.

> **주의** Les enfants jouent avec ses amis. (×)
> Les enfants jouent avec leurs amis. (○)
> 어린이들은 자기들의 친구들과 논다.

특이한 경우

신체부위 명사 앞에서는 소유형 대신 정관사를 사용한다.

- Juliette a les yeux bleus et les cheveux noirs.
  쥘리에뜨는 푸른 눈과 검은 머리카락을 가졌다.

- Jean s'est cassé le bras.
  쟝은 팔을 부러뜨렸다.

- Il tourne sa tête. (×)
  Il tourne la tête. (○)
  그는 머리를 돌린다.

- Il a cassé son bras. (×)
  Il s'est cassé le bras. (○)
  그는 팔을 부러뜨렸다.

연습문제

1 Complétez par des adjectifs possessifs.
① J'ai laissé … parapluie et … gants dans … voiture.
② Allô Martin ! Tu as oublié chez moi … cigarettes et … briquet.
③ Voici la petite Juliette. … père est italien, … mère est française.

정답 소유형용사로 완성시키시오.
① mon, mes, ma 나는 우산과 장갑을 내 차에 두고 왔다.
② tes, ton 여보세요 마르땡. 네 담배와 라이터 내 집에 잊고 갔다.
③ son, sa 여기 꼬마 쥘리에뜨는 아버지가 이탈리아인, 어머니가 프랑스인이다.

2 소유대명사

소유대명사는 《소유형용사 + 명사》를 대치한다. 명사의 반복을 피하게 한다. 항상 정관사와 같이 사용된다.

À qui est ce stylo ? C'est le mien. 이 펜 누구 것이지? 내 것이야.
　　　　　　　　　(= c'est mon stylo)

소유자	단수		복수	
	남성	여성	남성	여성
je	le mien	la mienne	les miens	les miennes
tu	le sien	la tienne	les tiens	les tiennes
il/elle	le tien	la sienne	les siens	les siennes
nous	le nôtre	la nôtre	les nôtres	les nôtres
vous	le vôtre	la vôtre	les vôtres	les vôtres
ils/elles	le leur	la leur	les leurs	les leurs

mon vélo 내 자전거 → le mien
ma bicyclette 내 자전거 → la mienne
mes parents 내 부모 → les miens
mes chaussures 내 신발 → les miennes

ton vélo 네 자전거 → le tien
ta bicyclette 네 자전거 → la tienne
tes parents 네 부모 → les tiens
tes chaussures 네 신발 → les tiennes

son vélo 그/그녀의 자전거 → le sien
sa bicyclette 그/그녀의 자전거 → la sienne
ses parents 그/그녀의 부모 → les siens
ses chaussures 그/그녀의 신발 → les siennes

notre appartement 우리 아파트 → le nôtre
notre maison 우리 집 → la nôtre
nos amis 우리 친구들 → les nôtres
nos amies 우리의 친구들(여) → les nôtres
votre appartement 당신(들) 아파트 → le vôtre
votre maison 당신(들) 집 → la vôtre
vos amis 당신(들) 친구들 → les vôtres
vos amies 당신(들) 친구들(여) → les vôtres
leur appartement 그들의 아파트 → le leur
leur maison 그들의 집 → la leur
leurs amis 그들의 친구들 → les leurs
leurs amies 그들의 친구들(여) → les leurs

□ Ce n'est pas la veste de Marie, c'est la mienne.
그것은 마리의 자켓이 아니다. 내 것이다.

- Ces balles de tennis, elles sont à vous ? Non, ce ne sont pas les nôtres.
  이 테니스공들 당신 것인가요? 아니오, 우리 것이 아닙니다.

- Éléonore a un petit chat gris. Ses cousins ont aussi un chat mais le leur est tout noir.
  엘레오노르는 작은 회색 고양이를 갖고 있다. 그의 사촌들도 고양이가 있지만 그들의 것은 완전히 까맣다.

> 발음 차이에 주의
> notre → 열린 o (ouvert) [ɔ]
> notre → 열린 o (ouvert) [ɔ]
> le nôtre → 닫힌 o (fermé) [o]
> le vôtre → 닫힌 o (fermé) [o]

연습문제

2 Imitez le modèle.
Ex. C'est mon appareil photo. ➔ c'est le mien.
① Ce sont mes lunettes.
② C'est ta sœur.
③ C'est son école.
④ Ce sont ses livres.

> 정답 [보기]를 따라 해보시오.
> [보기] 내 카메라다. → 내 것이다.
> ① Ce sont les miennes. 내 안경이다
> ② C'est la tienne. 네 누이다.
> ③ C'est la sienne. 그/그녀의 학교다.
> ④ Ce sont les siens. 그/그녀의 책들이다.

3 소유를 나타내는 방법

1 소유형용사, 소유대명사

- Ce sont mes disques. Ce sont les miens.
  내 음반들이다. 내 것들이다.

> 주의 Ce livre, C'est celui de moi. (×)
> Ce livre, c'est mon livre, c'est le mien. (○)
> 내 책이다. 이것은 내 것이다.

2 être à + 누구

- Ces disques sont à moi.
  이 음반들은 내 것이다.

- Est-ce que ce blouson est à Étienne ? Non, il n'est pas à lui, il est à Christian.
  이 잠바는 에띠엔 것이니? 아니, 그의 것이 아니고 크리스띠앙 것이다.

3 소유대명사 : 《celui de》 + 명사

- À qui est ce parapluie ? C'est celui d'Annie.
  이 우산 누구 것이지? 아니의 것입니다.

- Ces gants sont à toi ? Non, ce sont ceux de Véronique.
  이 장갑 네 것이니? 아니, 베로니크 것이야.

4 appartenir à quelqu'un = ~것이다 (être la propriété de)

- Ce château appartient à un acteur très connu.
  이 성은 아주 유명한 어느 배우의 것이다.

- À qui appartient ce tableau de Matisse ? À un collectionneur privé.
  이 마띠스의 회화는 누구 소유인가요? 개인 소장가의 것입니다.

연습문제

3 Imitez les modèles.
a. À qui est ce stylo ? (moi) ➔ Il est à moi, c'est mon stylo, c'est le mien.
① À qui est cette moto ? (toi)
② À qui sont ses rollers ? (vous)
③ À qui sont ces valises ? (nous)

b. À qui est cette maison ? (ma grand-mère) ➔ Elle est à ma grand-mère, c'est sa maison, c'est la sienne, c'est celle de ma grand-mère.
① À qui est ce sac de sport ? (Gérard)
② À qui est cette jolie bague ? (Caroline)
③ À qui sont ces jouets ? (Camille et Madeleine)

정답 [보기]를 따라해 보시오.
[보기] 이 만년필 누구 것이지? 내 것이다. 내 만년필이다. 내 것이다.
a.
① Elle est à toi, c'est ta moto, c'est la tienne. 네 것이다. 네 오토바이다.
② Ils sont à vous, ce sont vos rollers, ce sont les vôtres. 너희들 것이다. 너희들의 롤러스케이트들이다.
③ Elles sont à nous, ce sont nos valises, ce sont les nôtres. 우리들 것이다. 우리 짐들이다
b.
① Il est à Gérard, c'est son sac de sport, c'est le sien, c'est celui de Gérard
   제라르의 스포츠 가방이다.
② Elle est à Caroline, c'est sa bague, c'est la sienne, c'est celle de Caroline. 까롤린의 반지다.
③ Ils sont à Camille et à Madeleine, ce sont leurs jouets, ce sont les leurs, ce sont ceux de Camille et de Madeleine. 그것들은 까미유와 마들렌의 장난감들이다.

4 Complétez par des adjectifs possessifs.

① Cyrille a envoyé une carte postale à ... ami Patrick.
- Cyrille a envoyé une carte postale à ... amis Patrick et Julie.

② Cyrille et Marie ont envoyé une carte postale à ... ami Patrick.
- Cyrille et Marie ont envoyé une carte postale à ... amis Patrick et Julie.

③ Jacques nous a parlé de ... voyage au Sahara.
- Jacques nous a parlé de ... voyages en Afrique.

> 정답 소유형용사로 완성시켜보시오.
> ① son, ses 씨릴은 그의 친구 빠트릭에게/그의 친구들 빠트릭과 쥘리에게 엽서를 보냈다.
> ② leur, leurs 씨릴과 마리는 그들의 친구 빠트릭에게/ 친구들 빠트릭과 쥘리에게 엽서를 보냈다.
> ③ son , ses 자끄는 우리에게 자신의 사하라 여행에 대해/ 아프리카 여행들에 대해 말했다.

5 Complétez par des adjectifs ou des pronoms possessifs.

① ... copain Étienne et moi, nous faisons les mêmes études à Montpellier. Étienne habitent chez ... parents. Moi, j'ai loué un studio parce que ... habitent à Paris. Étienne et moi, nous suivons tous ...cours ensemble et le samedi, nous sortons avec ... groups d'amis.

> 정답 소유형용사 또는 소유대명사로 완성시키시오.
> Mon copain , chez ses parents , les miens , nos cours , notre
> 내 친구 에띠엔느와 나는 몽뻴리에에서 같은 공부를 한다. 에띠엔느는 자기 부모님 집에서 살고 나는 부모님이 빠리에 사셔서 원룸을 임대했다. 에띠엔느와 나는 모든 강의를 같이 듣고, 토요일에는 친구들과 어울려 논다.

② Aujourd'hui, en France les voyageurs européens ne présentent plus ... passeport. Mais dans les aéroports, on doit passer ... bagages à main au contrôle de sécurité. Hier, à l'aéroport de Roissy, j'ai déposé ... sac et derrière moi, une dame a déposé ... . L'alarme a sonné : c'étaient ... clés !

> 정답 leur passeport, ses bagages, mon sac, le sien, ses clés
> 오늘날, 프랑스에서 유럽 여행자들은 더 이상 여권을 제시하지 않는다. 하지만 공항에서 손가방을 보안검색대에 통과시켜야한다. 어제 롸씨(샤를르 드골) 공항에서 내 가방을 올려놓았고 내 뒤에 어떤 부인이 자기 가방을 올렸는데 경고음이 울렸다. 그녀의 열쇠들이었다.

DELF A2

6 Complétez la présentation de ces livres. Utilitez un adjectif possessif : «mon, ton, son, ...».

Le livre des cuisines parfumées : achetez ce livre pour améliorer ... recettes de cuisine et ... manière de parfumer les plats.

Saveurs du midi : dix grands chefs cuisiniers du sud de la France vous donnent ... conseils pour réussir ... plats préférés.

Noir Désir : ce groupe rock vous raconte ... histoire et ... voyages.

Images : un photographe vous parle de ... vedettes préférées : Catherine Deneuve, Mick Jagger ... Découvrez ... photos et l'histoire de ... vie.

Une maison de charme : nous vous donnons ... meilleures idées pour transformer ... maison !

정답 소유형용사를 이용해 다음 책들을 소개해보시오.
vos, votre, leurs, vos, son, ses, vos (ses), leurs, leur, nos, votre.
- 남불(南佛)의 미각 : 남부 프랑스 10명의 위대한 셰프가 선호하는 요리에서 성공하도록 조언을 합니다.
- 누아 데지르 : 이 락그룹은 자신들의 이야기와 여행에 대해 이야기합니다.
- 이마쥬 : 사진작가는 까뜨린느 드뇌브, 믹 재거 같은 좋아하는 스타에 대해 말합니다. 그들의 사진과 이야기를 만나보세요.

14 지시사

지시형용사와 지시대명사는 사람과 사물을 가리키는 역할을 한다.

1 지시형용사

지시형용사는 항상 명사 앞에 놓인다.

	남성	여성
단수	ce stylo 이 만년필 Ce + 모음 /무음 h → cet Cet ordinateur, cet homme 이 컴퓨터, 이 사람	cette fleur 이 꽃
복수	ces stylos 이 펜들	ces fleurs 이 꽃들

 단수의 리에종(연독)에 주의 :
cet ordinateur 이 컴퓨터, **cet homme** 이 사람
복수의 리에종(연독) :
ces ordinateurs ces hommes

강조하거나 차별화하기 위해 《-là》를 붙인다.

□ J'adore cette chanteuse-là. Quelle belle voix elle a !
나는 이 가수를 매우 좋아한다. 얼마나 아름다운 소리를 가졌는지 !

□ Prenez ce dictionnaire-là. Il est très complet. Il est plus complet que l'autre.
이 사전 쓰세요, 아주 완전해요. 다른 것보다 훨씬 완전해요.

지시형용사의 용법

1 보여주기

- Je voudrais écouter ce disque, s'il te plaît !
  나는 이 음반 듣고 싶다. 부탁해.

- Cet arbre a été planté il y a plus de 200 ans.
  이 나무는 2백년도 전에 심어졌다.

2 조금 전에 한 말을 다시 하기

- Tu connais la chanson d'Édith Piaf «Je ne regrette rien» ?
  너는 에디뜨 피아프의 "나는 후회하지 않아" 아니?

  -Oui bien sûr, je la connais, cette chanson !
  물론, 이 곡 안다.

3 가까운 순간을 구체화하기

현재 : Cette semaine, on ne travaille pas jeudi parce que c'est le premier mai.
이번 주는 5월1일 노동절이라서 목요일에 일하지 않는다.

미래 : J'irai en Bretagne cet été.
이번 여름에 브르따뉴 지방에 갈 것이다.

과거 : Cet hiver, il a fait très friod.
올 겨울, 아주 추웠다.

연습문제

1 Trouvez l'adjectif démonstratif.
  ① . ... vidéo-cassette est à André.
  ② . ... CD-Rom est à Marc.
  ③ . ... fleurs sont des orchidées.

  정답 지시형용사를 찾아보시오.
  ① Cette 이 비디오는 앙드레 것이다.
  ② Ce 이 CD롬은 마르크 것이다.
  ③ Ces 이 꽃들은 난초다.

2 Mettez les mots soulignés au singulier.
  ① Le professeur va répondre à ces questions.
  ② Le technicien va réparer ces ascenseurs.
  ③ Je lis souvent ces journaux.

> **정답** 밑줄 친 단어를 단수로 쓰시오.
> ① cette question 선생님은 이 질문에 답할 것이다.
> ② cet ascenseur 기술자가 이 승강기를 고칠 것이다.
> ③ ce journal 나는 자주 이 신문을 읽는다.

2 지시대명사

지시대명사는《지시형용사 + 명사》를 대치한다. 명사나 명사군(群)의 반복을 피하게 한다.

	남성	여성	중성
단수	celui	celle	cela
복수	ceux	celles	ça

■ 명사의 반복 회피 – 지시대명사의 용법

1 《-ci》 또는 《-là》와 함께

두 개의 명사를 구분할 때

☐ Quel rouge à lèvres voulez-vous Madame ? Celui-ci ou celui-là ?
어떤 루즈를 원하시나요? 이것 아니면 저것?

회화체에서는 《-là》가 《-ci》보다 빈번히 쓰인다.

☐ Je voudrais des tomates.
토마토 원합니다.

Est-ce que celles-là sont mûres?
저것들 익었나요?

2 《de》 + 명사와 함께

☐ On entend des cloches. Ce sont celles de l'église Saint-Pierre.
종소리를 듣는다. 쌩 삐에르 성당의 종들이다.

☐ Il est mignon, ce chien ! À qui est-il ? C'est celui du voisin.
이 개는 귀엽다. 누구 개지? 이웃사람 개다.

그러나 다음과 같이 사용하지는 않는다.

C'est celui-là du voisin. (×)

3 관계대명사와 함께

□ La maison des Joly ? C'est celle qui est au coin de la rue.
졸리의 집? 길모퉁이에 있는 집이에요.

□ Les croissants de cette boulangerie sont ceux que je préfère.
이 빵집 크롸쌍이 내가 좋아하는 것이다.

명사군을 피하기 위해

1 《Cela》 또는 《ça》

중성적인 대명사 《cela》는 가장 흔히 《ça》로 쓰인다. 방금 말한 명사군을 다시 말할 때 사용한다.

□ Vous m'avez mal compris, je n'ai pas voulu dire cela !
당신은 내 말을 잘못 이해했군요. 나는 그것을 뜻한 것이 아니었습니다.

□ Prendre mon petit déjeuner au lit, j'adore ça !
침대에서 아침식사하기. 난 그것을 아주 좋아해.

□ Étienne fait du judo et ça lui plaît beaucoup.
에띠엔느는 유도를 하고 그것을 아주 좋아한다.

□ Arrête de faire du bruit ! Ça m'énerve !
소음 좀 내지마. 신경질 나게 한다.

> **주의** 중성 형태의 대명사 《ce》는 다음과 같이 사용된다.
>
> 1) être 동사와 함께
> **C'est un bonbon à la menthe.** 박하사탕이다.
>
> 2) 간접의문문에서
> **Il me demande ce que je fais.** 그는 내가 뭘 하는지 묻는다.

> 연습문제

3 Complétez par «celui-ci/là, ceux-ci/là, celle-ci/là, celles-ci/là»
① Voulez-vous des cerises ? ... sont à 2,30 € le kilo, ... sont à 3€ .
② Quelle veste voulez-vous essayer ? ... ou ... ?
③ Voici deux modèles de réfrigérateurs. ... est un peu petit ; je vous conseille de prendre ... .

> **정답** 지시대명사로 문장을 완성시키시오.
> ① **celles-ci, celles-là** 체리 원하세요? 이쪽은 킬로 당 2유로 30 저쪽은 3유로.
> ② **celle-ci, celle-là** 어떤 자켓 원하세요? 이쪽 아니면 저쪽?
> ③ **celui-ci, celui-là** 냉장고 두 모델이 있어요. 이쪽 것은 조금 작으니 저쪽 것을 권합니다.

4 Complétez par «celui/ceux, celle/celles».
① Quelles photos de notre voyage préfères-tu ? ... d'Olivier ou ... de Sophie ?
② Thomas aime beaucoup les films de Lukas. ... qu'il préfère, c'est «La Guerre des Étoiles».
③ Les fromages de Normandie sont plus crémeux que ... des Alpes.

> **정답** 지시대명사로 완성시키시오.
> ① **celles, celles** 우리 여행사진들 가운데 어떤 것들이 마음에 드니? 올리비에 사진 아니면 소피 사진?
> ② **celui** 또마는 루카스 감독 영화를 좋아하는데 그가 선호해하는 것은 "스타워즈"이다.
> ③ **ceux** 노르망디 치즈가 알프스 치즈보다 크림이 많다.

5 Imitez le modèle.
Ex. J'aime bien le restaurant «Chez Martine».
La cuisine de ... est très bonne. ➜ La cuisine de restaurant est très bonne.
① J'ai vu un film hier soir à la télévision, ... était très amusant.
② Nous avons visité le Musée de la Poste. ... était très intéressant.
③ Tu peux me prêter les disques qui sont sur la table ? Non, ... ne sont pas à moi.

> **정답** 보기와 같이 따라해보시오.
> ① **Ce film** 나는 어제 tv에서 영화를 봤는데 이 영화는 재미있었다.
> ② **Ce musée** 우리는 우편 박물관에 가봤는데 이 박물관은 흥미 있었다.
> ③ **ces disques** 탁자위에 있는 음반들 빌려줄 수 있니? 아니. 이 음반들은 내 것이 아니야.

6 Cochez la réponse correcte.
① Le/Ce soir, on pourra voir à la télévision la remise des prix du fetival de Cannes.
② «Prenez une gélule le/ ce matin et une autre le/ ce soir pendant deux semaines» a dit le médecin.
③ Je n'ai pas dormi la/ cette nuit ; j'avais beaucoup de fièvre.

> **정답** 맞는 답에 표시하시오.
> ① **Ce soir** 오늘 저녁 TV에서 깐느 영화제 시상식을 볼 수 있다.
> ② **le matin, le soir** "연질 캡슐을 아침에 하나 저녁에 하나 2주일간 드세요"라고 의사가 말했다.
> ③ **cette nuit** 나는 간밤에 못 잤다. 열이 많이 났다.

7 Complétez les phrases par un adjectif ou un pronom démonstratif.

① Elle est superbe, ... route de montagne ! Elle est plus belle que ... qui passe dans la vallée.

② Elles ne sont pas très bonnes, ... glaces ! Je préfère ... du glacier Goupillon.

③ Il est trop cher pour nous, ... hôtel ! Allons plutôt dans ... qui est près de la gare.

> **정답** 지시형용사나 지시대명사로 문장을 완성시켜 보시오.
> ① cette route, celle qui 이 산길은 멋지다. 내가 골짜기로 지나온 길 보다 멋지다.
> ② ces glaces, celles du glacier 이 아이스크림 별로 안 좋다. 구삐용 아이스크림가게 것을 좋아한다.
> ③ cet hôtel, celui qui 이 호텔은 우리에게 너무 비싸다. 역 옆에 있는 호텔로 가자.

DELF A1

8 Construisez des phrases complètes avec ces débuts de phrase et les mots suivants en les associant selon l'exemple.
Ex. Ils sont intéressants, ces livres ; alors, je voudrais ceux-ci/ ceux-là.

Elle est exposée au sud	livres
Il écrit bien	oiseau
Ils sont intéressants	fleurs
Il chante bien	gâteaux
Elle ne pèse pas lourd	stylo
Elles sont très fraîches	hôtel
Ils ne sont pas très gros	ordinateur
Il est puissant	chambre
Il n'est pas loin du centre-ville	valise

> **정답** 문장의 앞과 따라오는 말을 [보기]처럼 연결해 보시오.
> [보기] 이 책들 재미있다. 그래서 나는 이것들/저것들을 원한다.
> Elle est exposée au sud, cette chambre ; alors, je voudrais celle-ci/celle-là.
> 이 방은 남향이다.
>
> Il chante bien, cet oiseau ; alors, je voudrais celui-ci/celui-là.
> 이 새는 노래를 잘한다.
>
> Ils ne sont pas très gros, ces gâteaux ; alors, je voudrais ceux-ci/ceux-là.
> 이 케이크들은 그다지 크지 않다.
>
> Il est puissant, cet ordinateur ; alors, je voudrais celui-ci/celui-là.
> 이 컴퓨터는 강력하다.
>
> Il n'est pas loin du centre ville, cet hôtel ; alors, je voudrais celui-ci/celui-là.
> 이 호텔은 도심에서 멀지 않다.

15 부정사와 수량의 표현

1 부정(不定)대명사

On

《On》은 항상 주어로만 쓰이며 동사는 3인칭 단수로 활용된다.

1 On = 사람들, 어떤 사람 (les gens, quelqu'un)

- En France, on mange beaucoup de fromage.
  프랑스에서는 사람들이 치즈를 많이 먹는다.

- On m'a dit que tu était malade.
  누가 내게 네가 아프다고 말했다.

2 On = 우리 (nous), 회화체에서

- Hier, on a dîné chez Elisa, on a bien ri ! (= nous avons dîné)
  어제, 우리는 엘리자 집에서 저녁식사를 했다. 우리는 많이 웃었다.

Quelqu'un / Personne 누군가/아무도

1 Quelqu'un 누군가, 어떤 사람 (= une personne indéterminée ou inconnue)

- Quelqu'un vous a téléphoné, mais il n'a pas laissé son nom.
  누가 당신께 전화했지만 이름을 남기지 않았어요.

- Je vois David là-bas, il est en train de parler avec quelqu'un.
  나는 저기 다비드를 보지만 누군가와 이야기하는 중이다.

2 Ne... personne / Personne ne 아무도 (《quelqu'un》의 부정형)

- Il est 2h du matin et il n'y a personne dans la rue.
  지금은 새벽 두시고 길에 아무도 없다.

- Personne ne fume dans un hôpital.
  아무도 병원에서 담배 피우지 못한다.

  주의 Il n'y a pas personne. (×)
  Il n'y a personne. (○)
  아무도 없다.

3 Quelqu'un / Personne + de + 남성 단수 형용사

- C'est quelqu'un de sympathique.
  성격 좋은 사람이다.

- Il n'y a personne d'intéressant à cette soirée.
  이 저녁 모임에는 관심을 끄는 사람이 없다.

Tout le monde 모든 사람 (= tous les gens)

- Le prince Édouard va se marier, tout le monde parle de ce mariage.
  에두아르 왕자가 곧 결혼 한다. 모든 사람이 이 결혼에 대해 말한다.

- «Est-ce que tout le monde a compris ?» a demandé le professeur.
  "모두 이해했나요?"라고 선생님이 물었다.

  주의 Tout le monde sont venus. (×)
  Tout le monde est venu. (○)
  모든 사람들이 왔다.
  J'ai voyagé dans tout le monde. (×)
  J'ai voyagé dans le monde entier. (○)
  나는 전 세계를 여행했다.

Quelque chose / Rien 어떤 것/아무것도

1 Quelque chose 어떤 것 (정해지지 않은 사물이나 아이디어 une chose ou une idée indéterminées)

《Quelque chose》는 복수형을 갖는 일이 없다.

- Tu as faim ? Mange donc quelque chose !
  너 배고프니? 뭘 먹어라.

- Madame, vous voulez dire quelque chose ?
  부인, 무언가를 말씀하고 싶으세요?

  주의 Il y a quelques choses sur la table. (×)
  Il y a des choses sur la table. (○) 탁자위에 어떤 것들이 있다.
  Il y a plusieurs choses sur la table. (○) 탁자위에 몇 가지 것들이 있다.

2 Ne... rien / Rien ne 아무것도 (quelque chose의 부정형)

- Tu parles trop vite ! Je ne comprends rien.
  년 너무 빨리 말한다. 나는 아무것도 이해 못 하겠다.

- Est-ce qu'il reste quelque chose à boire dans le réfrigérateur ?
  냉장고에 마실 것 남아있니?

- Non, il n'y a rien.
  아니. 아무 것도 없어.

복합시제에서 《rien》의 위치 그리고 동사원형 앞에 놓이는 데 주의.

Il n'a rien compris. 그는 전혀 이해 못했다.
Il ne veut rien dire. 그는 아무 말도 하고 싶지 않다.

Il n'a pas rien compris. (×)
Il n'a rien compris. (○)

3 Quelque chose / Rien + de + 남성 단수 형용사

- Il nous a raconté quelque chose d'amusant.
  그는 우리에게 재미난 어떤 것을 말했다.

- Qu'est-ce que tu as fait dimanche ? Rien de spécial.
  일요일에 뭐했니? 특별한 것 없어.

> **연습문제**
>
> 1 Répondez aux questions en employant «ne ... rien».
>   Ex. Est-ce que tu veux quelque chose pour ton anniversaire ? → Non, je ne veux rien.
>   ① Est-ce que tu prends quelque chose comme dessert ?
>   - Est-ce que tu as pris quelque chose comme dessert ?
>   ② Est-ce que tu manges quelque chose le matin ?
>   - Est-ce que tu as mangé quelque chose ce matin ?
>
>   **정답** 《ne ... rien》을 이용해 답해보시오.
>   [보기] 너의 생일에 원하는 것 있니? 아니, 아무 것도 없어.
>   ① Non, je ne prends rien. Non, je n'ai rien pris.
>   디저트로 뭐 먹니/먹었니? 아니, 전혀 안 먹어/안 먹었다.
>   ② Non je ne mange rien. Non, je n'ai rien mangé.
>   아침에 뭐 먹니? 오늘 아침에 뭐 먹었니? 아니, 안 먹어/안 먹었어.

2 Répondez aux questions en employant «ne ... personne».
① Est-ce qu'il y a quelqu'un dans le bureau du directeur ?
② Est-ce que le directeur a reçu quelqu'un ce matin ?
③ Est-ce que vous connaissez quelqu'un dans cette ville ?

> **정답** 《ne ... rien》을 이용해 질문에 답하시오.
> ① Non, il n'y a personne. 사장실에 누가 있나요? 아니오, 아무도 없습니다.
> ② Non, il n'a reçu personne. 사장님은 오늘 누구를 면담했나요? 아니오, 아무도 맞이하지 않았습니다.
> ③ Non, je ne connais personne. 이 도시에 누구 아세요? 아니오, 아무도 모릅니다.

2 부정대명사, 부정형용사

▌Tout (형용사)

1 Tout + 한정사 + 명사

tout는 "전체, 총체"를 뜻하며 또 다른 한정사 앞에 놓인다.

| tout, toute | - le, la
- ce, cette
- mon, ma | tous, toutes | - les
- ces
- mes |

□ Vous recommencerez tout cet exercise.
이 연습문제 완전히 다시 시작하세요.

□ Je n'ai pas eu le temps de visiter toute la ville.
도시 전체를 돌아볼 시간이 없었다.

□ Tous les chats aiment le lait.
모든 고양이는 우유를 좋아한다.

□ Toutes les filles de ma classe sont folles de ce chanteur.
내 반 모든 소녀들은 이 가수에 열광한다.

> **주의** 형용사일 때는 《tous》의 《s》를 발음하지 않고 [tu]로 발음한다.

▌Tout / Toutes / Tout (대명사)

1 Tout, Toutes

복수로 쓰일 때는 명사나 대명사를 강조한다. 일반적으로 동사 뒤에 놓는다.

☐ Les magasins de cette rue sont tous ouverts le dimanche matin.
이 길의 가게들은 일요일 아침에 모두 연다.

☐ Nos voisins ont sept enfants qui sont tous très sportifs.
우리 이웃은 아이가 일곱인데 모두 운동을 잘한다.

☐ Les amies de ma fille, je ne les connais pas toutes.
내 딸 여자 친구들을 나는 전부 알지 못한다.

주의 《tous》는 대명사일 경우 끝의 s를 발음한다. [tus]

2 Tout

단수일 때 중성대명사이다. (=toutes les choses).

☐ J'ai pris ma raquette de tennis, mes balles et mes chaussures et je mets tout dans un grand sac.
나는 테니스 라켓, 공, 신발을 챙겼고 이 모든 것을 큰 가방에 넣었다.

☐ Tout va bien ! Ne t'inquiète pas.
모든 일이 잘 되고 있다. 초조해하지마라.

☐ Il n'y a plus de gâteau, on a tout mangé.
더 이상 케이크가 없다. 우리가 다 먹었다.

복합시제에서 tout의 위치에 주의. 그리고 동사원형 앞에 놓인다.

☐ J'ai tout fini.
나는 모두 끝냈다.

☐ Dans ce magasin, on a envie de tout acheter !
이 가게에서는 전부 사고 싶다.

주의 J'ai compris tout. (×)
J'ai <u>tout</u> compris. (○) 나는 모든 것을 이해했다.
Je mets tous dans mon sac. (×)
Je mets <u>tout</u> dans mon sac. (○) 나는 가방에 전부 넣는다.

▌Tout (부사) + 형용사

1 Tout(e) 완전히 (= entièrement, complètement)

☐ Il fait beau, le ciel est tout bleu.
날씨가 좋고 하늘은 아주 푸르다.

☐ La petite fille joue toute seule dans sa chambre.
작은 여자 어린이가 자기 방에서 혼자 놀고 있다.

2 Tout 매우 (= très)

- Mon appartement est tout petit.
  내 아파트는 아주 작다.

- Tenez ! Voilà des croissants tout chauds pour le petit déjeuner !
  자! 여기 아침식사를 위한 아주 뜨거운 크롸쌍!

《Tout》는 불변화어지만 여성 형용사 앞에서《toute / toutes》가 된다.

- J'ai une toute petite chambre.
  내 방은 아주 작다.

- Tu as les mains toutes sales.
  너는 손이 아주 더럽다.

Chaque 각각의 (형용사)

Chaque (+ 단수 명사)는 개별성을 강조한다.

- Chaque classe est décorée avec des affiches différentes.
  각 교실은 각각 다른 포스터로 장식되었다.

Chaque는 습관을 강조하기도 한다.

- La famille Legrand va à l'église chaque dimanche.
  르그랑 가족은 주일마다 교회에 간다.

주의 chaqu'un처럼 축약되지 않고 chacun으로 쓴다.

Chacun / Chacune 각자(대명사)

Chacun은《chaque》+ 명사를 대치한다.

- Les enfants partent en promenade. Chacun doit apporter son pique-nique.
  어린이들은 산책을 떠난다. 각자 소풍 음식을 가져와야한다.

- J'ai trois filles. Chacune joue d'un instrument de musique différent.
  나는 딸이 셋인데 각자 다른 악기를 연주한다.

▍Autre(s) 다른, 다른 것, 다른 이 (형용사, 대명사)

1 Un(e) autre + 명사 / D'autres + 명사 (=형용사)

- Pierre n'est pas là aujourd'hui. Je lui téléphonerai un autre jour.
  삐에르는 오늘 부재중이다. 다른 날 전화해야겠다.

- Cette robe ne vous plaît pas ? Nous avons d'autres modèles à vous présenter.
  이 원피스 마음에 안 드세요? 보여드릴 다른 모델들이 있어요.

  > **주의** Nous avons des autres modèles. (×)
  > Nous avons d'autres modèles. (○)
  > 우리는 다른 모델들이 있어요.

《Un(e) autre, d'autres》는 자주 《en》대명사와 같이 쓰인다.

- Ces chocolats sont délicieux, j'en voudrais bien un autre.
  이 초콜릿 참 맛있어서, 그걸 하나 더 원한다.

- Il y a des touristes qui prennent beaucoup de photos, il y en a d'autres qui préfèrent acheter des cartes postales.
  사진을 많이 찍는 관광객들도 있고 다른 관광객 가운데는 엽서 사는 것을 더 좋아하는 사람들도 있다.

à les autres / de les autres (×)
aux autres / des autres (○)

- La terre ne ressemble pas aux autres planètes. Elle est différente des autres.
  지구는 다른 행성들과 비슷하지 않다. 다른 행성들과 다르다.

2 L'un(e)... l'autre / Les un(e)s ... les autres (= 대명사)

- J'ai deux frères : l'un habite à Nice, l'autre habite à Londres.
  나는 형제가 둘인데 하나는 니스에 살고 또 다른 하나는 런던에 산다.

- Dans le stade il y a deux équipes de joueurs de basket ; les uns ont un tee-shirt bleu, les autres un tee-shirt jaune.
  경기장에 두 농구팀이 있는데 한 팀은 파란 티셔츠, 또 다른 팀은 노란 티셔츠를 입었다.

연습문제

3 Complétez les phrases par «tout, toute, tous, toutes».

① Les enfants vont en classe ... les jours.

② Hier, il a fait beau ... la journée.

③ L'enfant apprend à parler et il répète ... .

정답 《tout, toute, tous, toutes》로 문장을 완성시키시오.
① tous 어린이들은 매일 학교에 간다.
② toute 어제, 종일 날씨가 좋았다.
③ tout 어린이는 말하기를 배우고 모든 것을 반복한다.

4 Imitez le modèle.
Ex. Il fait tout dans la maison. ➔ Il sait tout faire.

① Le bébé touche tout. Il veut ... .

② Je raconterai tout à ma sœur. Je vais ... .

③ Vous payez tout avec votre carte de crédit. Vous pouvez ... .

정답 [보기]를 따라 하시오.
[보기] 그는 모든 것을 집에서 한다 → 그는 모든 것을 할 줄 안다.
① Il veut tout toucher. 그는 모든 것을 만지고 싶어 한다.
② Je vais tout raconter à ma soeur. 나는 모든 것을 누이에게 말 할 것이다.
③ Vous pouvez tout payer avec votre carte de crédit. 당신은 모든 것을 당신 신용카드로 낼 수 있습니다.

5 Mettez les mots soulignés au pluriel.
Ex. Nous avons visité un autre musée. ➔ Nous avons visité d'autres musées.

① Je cherche une autre solution à ce problème.

② Madame Albert a un autre rendez-vous cet après-midi.

③ Je ne connais pas l'autre enfant de Madame Germain.

정답 밑줄 친 단어를 복수로 써보시오.
[보기] 우리는 다른 박물관에 가봤다 → 다른 박물관들에
① d'autres solutions 나는 다른 해결책들을 찾고 있다.
② d'autres rendez-vous 알베르 부인은 오늘 오후 다른 약속들이 있다.
③ les autres enfants 나는 제르맹 부인의 다른 아이들은 모른다.

3 수량의 표현

1 Plusieurs + 복수 명사, 몇몇의
Quelques + 복수 명사, 몇 개의
ne ... aucun(e) + 단수 명사. 아무 것도

□ Il y a **plusieurs** cafés dans cette avenue. 이 대로에 까페가 몇 개 있다.
  (plus de deux)   (두 개 이상)

☐ J'ai invité **quelques** amis à dîner ce soir. 나는 친구 몇을 오늘 저녁식사에 초대했다.
　　(un petit nombre)　　　　　　　　　　(적은 수)

☐ La nuit, tout est calme. On n'entend **aucun bruit**. (= pas un seul bruit)
밤에 모든 것이 조용하다. 아무런 소음도 안 들린다.

> **주의** Il y a plusieurs des livres sur la table. (×)
> Il y a plusieurs livres sur la table. (○)
> 탁자위에 책이 몇 권 있다.

2 assez 충분한
trop 지나친
beaucoup 많은
plus 더 많은 + de + 관사 없는 명사
moins 더 적은
autant 그 만큼의
un peu / peu 약간 / 거의 없는

☐ Il y a **beaucoup de** vent aujourd'hui.
오늘 바람이 많이 분다.

☐ Julien a travaillé cet été, il **a assez** d'argent pour s'acheter une moto.
쥘리앙은 올 여름에 일해서 오토바이를 살 충분한 돈이 있다.

☐ Je ne peux pas sortir ce soir, j'ai **trop de** travail.
나는 일이 너무 많아서 오늘 저녁 외출 할 수 없다.

☐ Le poirier de notre jardin a donné **autant de** fruits que l'année dernière.
우리 정원 배나무는 작년만큼 과일을 주었다.

모든 수량의 표현은 흔히 《en》 대명사와 같이 쓰인다.

☐ Est-ce qu'il y a des pharmacies dans ce quartier ? Oui, il y **en** a **plusieurs**.
이 동네에 약국 있나요? 네, 약국 몇 개 있습니다.

☐ J'ai beaucoup de cousins à Paris, j'**en** ai aussi **quelques-uns** en province.
나는 빠리에 사촌들이 많고 지방에도 있다.

> **주의** assez
> beaucoup de　l'eau (×)
> 　un peu
> 　assez
> 　beaucoup　d'eau (○)
> 　un peu

3 《un peu》와 《peu》의 차이

☐ **Peux-tu me prêter un peu d'argent ?** (= une petite quantité 적은 양, 긍정적인 생각)
내게 돈 좀 빌려줄 수 있니?

☐ **Il a peu d'argent.** (= il n'a pas beaucoup d'argent, 부정적인 생각)
그는 돈이 거의 없다.

《en》 대명사와 같이 quelques-uns, quelques-unes을 쓴다.

☐ **As-tu des photos de ta famille ?**
너 가족사진 있니.

- Oui, j'en ai quelques. (×)
  Oui, j'en ai quelques-unes. (○)
  응, 사진 몇 장 있다.

연습문제

6 Mettez les phrases au passé composé.
① Je range tout dans ce placard.
② Nous apporterons tout pour le pique-nique.
③ Je vois tout.

> **정답** 다음 문장을 복합과거로 만드시오.
> ① J'ai tout rangé. 나는 모든 것을 정리했다.
> ② Nous avons tout apporté. 우리는 모든 것을 갖고 왔다.
> ③ J'ai tout vu. 나는 모든 것을 봤다.

7 Répondez aux questions.
Ex. Est-ce que tous ces fruits sont mûrs ? ➡ Oui, ils sont tous mûrs.
① Est-ce que tous les enfants viendront avec nous?
② Est-ce que toutes ces roses sont pour moi?
③ Est-ce que tous vos amis sont étudiants ?

> **정답** 질문에 답해 보시오.
> [보기] 이 모든 과일들 익었나요? → 네, 모두 익었습니다.
> ① Oui, ils viendront tous. 네, 어린이들은 모두 우리와 같이 갈 것입니다.
> ② Oui, elles sont toutes pour vous. 네, 이 장미들 모두 당신을 위한 것입니다.
> ③ Oui, ils sont tous étudiants. 네, 친구들 모두 학생입니다.

8 Répondez aux questions en employant le pronom «en».
Ex. Y a-t-il des piscines dans cette ville ? (plusieurs) ➡ Oui, il y en a plusieurs.
① En voyage, est-ce que vous achetez des souvenirs ? (quelques-uns)
② Tu as trouvé de vieilles cartes postales au Marché aux Puces ? (ne...aucune)
③ Est-ce que tu as visité des châteaux de la Loire ? (plusieurs)

> **정답** en대명사를 이용해 답하시오.
> [보기] 이 도시에 수영장 있나요? 네 수영장 몇 개 있어요.
> ① Oui, j'en achète quelques-uns. 네, 여행할 때 기념품 몇 개 삽니다.
> ② Non, je n'en ai trouvé aucune. 아니오, 벼룩시장에서 오래된 엽서 전혀 못 찾았어요.
> ③ Oui, j'en ai visité plusieurs. 네, 루아르 강변의 성 몇 개 가봤어요.

9 Complétez les phrases par «on, personne ne, aucun, tout, tous, rien, plusieurs, quelqu'un».

① Je suis allé au zoo ... fois avec les enfants. Ils ont été déçus parce qu'il n'y avait ... crocodile.

② En Aise, ... mange beaucoup de riz.

③ Un horloger, c'est ... qui répare les montres.

> **정답** 부정대명사로 문장을 완성시켜보시오.
> ① plusieurs, aucun 나는 아이들과 동물원에 몇 번 갔지만 애들은 악어가 전혀 없어서 실망했다.
> ② on 아시아에서는 쌀을 많이 먹는다.
> ③ quelqu'un 시계 수리공은 손목시계를 수리한다.

DELF A2

10 Voici les questions que votre ami vous pose sur votre nouvelle vie à New York, dans sa dernière lettre.

① Est-ce que tu as visité des chambres ? (plusieurs)

② Tu as des amis ? (quelques-uns)

③ Tu reçois beaucoup de lettres ? (aucune)

　Répondez précisément à ces questions à l'aide du mot entre parenthèses.
1. Oui, j'en ai visité plusieurs.
...

> **정답** 당신 친구가 당신의 새 뉴욕 생활에 대해 편지로 묻는다. 괄호 안의 단어를 이용해 구체적으로 답해 보시오.
> ① Oui, j'en ai visité plusieurs. 그래, 방 몇 개 가봤다.
> ② Oui, j'en ai quelques-uns. 그래, 친구 몇 있다.
> ③ Non, je n'en reçois aucune. 아니, 한 통도 받지 못한다.

16 품질형용사

1 여성형의 형태

▎발음이 달라지지 않는 경우

　　un joli pantalon 예쁜 바지　→　une joile jupe 예쁜 치마
　　un homme marié 기혼 남자　→　une femme mariée 기혼 여자
　　un tribunal international 국제 재판소　→　la politique internationale 국제 정치

《el》로 끝나는 형용사는 자음이 중첩된다.
　　naturel　→　naturelle 자연의
　　traditionnel　→　traditionnelle 전통적인

남성 형용사가 《e》로 끝난 경우 여성형은 변하지 않는다.
　　une rue calme 조용한 길　　　　　　un endroit calme 조용한 장소
　　une bière belge 벨기에 맥주　　　　un chocolat belge 벨기에 초콜릿

　　gentil　→　gentille 친절한, 고마운

　　un garçon gentil 친절한 소년
　　une fille gentille 친절한 소녀

▎여성형의 발음이 변하는 경우

1 형용사가 《t》나 《d》로 끝날 때 : 끝 자음의 소리가 난다.

　　un petit chien　→　une petite chienne 작은 개
　　un garçon blond　→　une fille blonde 금발 소녀

2 형용사가 《n》으로 끝날 때

자음이 중첩되는 경우

-en   ancien → ancienne 오래 된   coréen → coréenne 한국의
-on   bon → bonne 좋은

자음이 중첩되지 않는 경우

-ain   prochain → prochaine 다음의
- ein   plein → pleine 가득찬
- in   fin → fine 미세한
- un   brun → brune 갈색의

3 형용사가 《er》, 《ier》로 끝날 때

léger → légère 가벼운
premier → première 첫 번째의

4 형용사가 《eux》로 끝날 때 : 어미가 변한다.

heureux → heureuse 행복한
nombreux → nombreuse 수많은

5 형용사가 《et》로 끝날 때 : 악쌍 그라브를 붙인다.

complet → complète 완전한
inquiet → inquiète 초조한

6 형용사가 《f》로 끝날 때 : f는 ve로 된다.

sportif → sportive 스포츠를 하는
neuf → neuve 새로운

> **주의** 1) léger [e] (가벼운) 같은 경우 남성형에서 마지막 《r》 발음을 하지 않는다.
> 2) 여성형에서는 악쌍 그라브를 사용하고 légère [εr] 처럼 《r》 발음을 한다.

불규칙한 여성형

nouveau → nouvelle 새로운   vieux → vieille 늙은, 낡은
beau → belle 아름다운   long → longue 긴
gros → grosse 뚱뚱한   bas → basse 낮은
épais → épaisse 두꺼운   grec → grecque 그리스의
doux → douce 부드러운, 달콤한

roux → rousse 적갈색의 faux → fausse 잘못된
turc → turque 터키의 sec → sèche 마른, 건조한
blanc → blanche 흰 frais → fraîche 신선한
fou → folle 미친 coquet → coquette 애교부리는
muet → muette 말없는

2 형용사의 복수형

형용사의 복수형은 남, 여성 단수에 《s》를 붙인다.

■ 복수를 나타내는 《s》는 발음되지 않는다.

un fruit mûr 익은 과일 → des fruits mûrs
une question importante 중요한 질문 → des questions importantes

■ 《s》 또는 《x》로 끝난 남성 형용사는 복수가 되어도 변하지 않는다.

un tapis épais 두꺼운 양탄자 → des tapis épais
un enfant heureux 행복한 어린이 → des enfants heureux

■ 불규칙한 복수 형용사

1 《eau》로 끝난 형용사

ce beau tableau 이 멋진 그림 → ces beaux tableaux
mon nouveau professeur 나의 새 선생님 → mes nouveaux professeurs

2 《al》로 끝난 형용사

un problème général 일반적인 문제 → des problèmes généraux
un drapeau national 국기 → des drapeaux nationaux

> **연습문제**

1 Complétez par l'adjectif féminin.
  ① Un joli bouquet → une ... fleur
  ② Un grand parc → une ... place
  ③ Un théâtre national → une fête ...

  > **정답** 여성 형용사로 완성시키시오.
  > ① une jolie fleur 예쁜 꽃
  > ② une grande place 큰 광장
  > ③ une fête nationale 국경일

2 Mettez au pluriel.
  le gros coussin
  un livre épais
  une jupe longue

  > **정답** 복수형으로 쓰시오.
  > les gros coussins 큰 방석들, des livres épais 두꺼운 책들, des jupes longues 긴 스커트들

3 형용사의 위치

대부분의 형용사는 수식하는 명사 뒤에 놓인다.

□ Le Monopoly est un jeu amusant et facile.
  모노폴리는 재미있고 쉬운 게임이다.

■ 항상 명사 뒤에 오는 형용사

1 다음을 나타내는 형용사 :

  국적 : un étudiant espagnol 스페인 학생
  형태 : une table ronde 둥근 탁자
  색깔 : une chemise blanche 흰 와이셔츠

2 형용사처럼 쓰이는 분사 :

  un acteur connu 유명한 배우
  un livre intéressant 재미있는 책

■ 항상 명사 앞에 오는 형용사

1 자주 쓰이는 형용사

beau 멋진, joli 예쁜, jeune 젊은, vieux 늙은, grand 큰, gros 뚱뚱한, petit 작은,
bon 좋은, mauvais 나쁜, nouveau 새로운

une rose rouge 빨간 장미 → une belle rose rouge 아름다운 빨간 장미
un sac noir 검은 가방 → un petit sac noir 작은 검은 가방

2 모음이나 무음《h》로 시작하는 남성 단수 명사 앞에서 《vieux》, 《beau》, 《nouveau》는 이른 바 '남성 제2형'을 갖는다.

Un vieil homme 늙은 남자
Un bel arbre 멋진 나무
Un nouvel immeuble 새 건물

그리고 복수형은 다음과 같다.

De nouveaux immeubles 새 건물들
De beaux arbres 멋진 나무들

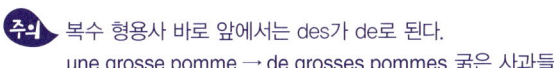 복수 형용사 바로 앞에서는 des가 de로 된다.
une grosse pomme → de grosses pommes 굵은 사과들

> 연습문제

3 Mettez les mots dans l'ordre.
Ex. Surgelés / des / légumes ➜ des légumes surgelés

① rouge / une / veste
② vieux / un / ami
③ sales / des / mains

> **정답** 순서를 바르게 해보시오.
> [보기] 냉동 야채들
> ① une veste rouge 빨간 자켓
> ② un vieil ami 오랜 친구
> ③ des mains sales 더러운 손

4 Imitez le modèle.
Ex. France : Il est … . Elle est … . ➜ Il est français. Elle est française.

Mexique : Il est … . Elle est … . →
Chine :   Il est … . Elle est … . →
Angleterre : Il est … . Elle est … . →
Allemagne : Il est … . Elle est … . →
Brésil :   Il est … . Elle est … . →
Espagnol : Il est … . Elle est … . →
Australie : Il est … . Elle est … . →
Suède :   Il est … . Elle est … . →

> **정답** 모델을 따라해보시오.
> [보기] 프랑스 → 그는 프랑스인이다.
>   → 그녀는 프랑스인이다.
> Il est mexicain. Elle est mexicaine. 멕시코인 Il est chinois. Elle est chinoise. 중국인 Il est anglais. Elle est anglaise. 영국인 Il est allemand. Elle est allemande. 독일인 Il est brésilien. Elle est brésilienne. 브라질인 Il est espagnol. Elle est espagnole. 스페인인 Il est australien. Elle est australienne. 호주인 Il est suédois. Elle est suédoise. 스웨덴인

5 Complétez avec les adjectifs suivants en faisant les accords nécessaires : sportif, énorme, prochain, italien, frais, amusant.

① J'aime boire des jus de fruit … .
② Dans ma classe il y a plusieurs étudiantes … .
③ J'ai cueilli un … bouquet de marguerites.

> **정답** 제시한 형용사들로 문장을 완성시키고 필요하면 성, 수에 일치시키시오.
> ① frais 나는 신선한 과일주스 마시기를 좋아한다.
> ② italiennes. 내 학급에 몇 명의 이탈리아 여학생이 있다.
> ③ énorme 나는 큰 한 다발의 데이지를 땄다.

6 Formez les adjectifs sur les verbes. Attention aux accords.
Ex. Intéresser : un film … ➜ un film intéressant.

a. Amuser : C'est un acteur …
   Énerver : C'est un bruit …

Polluer : Cette voiture n'est pas ...
Étonner : Quelle histoire ... !

Ex. Habiller : l'enfant est ... en vert. ➜ L'enfant est habillé en vert.
b. Asseoir : Il n'y a plus de places ... dans le bus.
Finir : Il est 16h 30. La classe est ...
Interdire : Ne passez pas ! C'est une entrée ... au public
Désoler : Excusez-moi ! Je suis ... d'être en retard.

> **정답** 동사를 가지고 형용사를 만드시오. 성·수 일치에 주의하시오.
> a. un acteur amusant 재미있는 배우, un bruit énervant 신경질 나게 하는 소음, polluante 공해를 일으키지 않는, histoire étonnante 놀라운 역사
> b. places assises 앉는 자리, finie 끝난, entrée interdite 입장금지, Je suis désolé. 미안합니다.

DELF A1

7 Accordez les adjectifs de ces annonces, si c'est nécessaire.

① Famille (dynamique) et (actif) recherche une jeune fille (gai), (spontané), (responsable), et (sérieux) pour s'occuper de deux petites filles (plein) de vie, (doux) et (gentil).

② Dame (âgé), (cultivé) et (sensible) cherche dame de compagnie (vivant), (énergique) et (joyeux) pour l'accompagner à des soirées (culturel).

> **정답** 다음 공고의 형용사를, 필요하면 일치시키시오.
> ① dynamique, active, gaie, spontanée, responsable, sérieuse, pleines, douces, gentilles.
> 역동적이고 활동적인 가정이 밝고, 자발적이며, 책임감 있고 진지한 아가씨를 생기 가득하고 부드럽고 친절한 두 딸을 맡기려고 찾고 있습니다. ...
> ② âgée, cultivée, sensible, vivante, énergique, joyeuse, culturelles.
> 연세 드시고 교양 있고 감수성 있는 부인이 활기차고, 기력 있고, 밝은 문화행사에 같이 가도록 도와줄 아주머니를 찾습니다.

8 Complétez l'annonce suivant avec les adjectifs suivants en faisant les accords nécessaires :
«sportif, beau, nouveau, grand, connu, brun, bon».

Je m'appelle Sophie, je suis ... , pas très ... (1m60). Je ne suis pas très ... mais je suis une assez ... joueuse de tennis. Je cherche une ... amie pour partager un ... appartement dans un quartier ... de Lyon.

> **정답** 제시한 형용사들로 광고를 완성시키고 필요하면 성, 수에 일치시키시오.
> brune, grande, sportive, bonne, nouvel, belle, connu
> 내 이름은 소피, 갈색 머리이고 1미터60으로 그다지 크지 않아. 스포츠를 잘 하지는 않지만 테니스는 상당히 잘 해. 리용에서 알려진 구역에 있는 아파트를 함께 쓸 멋진 친구를 찾고 있어.

17 인칭대명사

인칭대명사는 사람이나 사물을 대치한다. 주어나 목적어로 기능에 따라 형태를 달리한다.

1 주어 인칭대명사

단수	복수
je/ j'	nous
tu	vous
il / elle	ils / elles

- Je habite à Mexico et je aime la tequila. (×)
  J'habite à Mexico et j'aime la tequila. (○)
  나는 멕시코 시티에 살며 떼낄라 (용설란 줄기 즙으로 만드는 멕시코 증류주)를 좋아한다.

- Je suis mexicaine.
  나는 멕시코 여자다.

- La terre est ronde. Elle tourne autour du soleil.
  지구는 둥글다. 지구는 태양 주위를 돈다.

1 잘 모르는 사이 또는 사회적인 관계에서는 《vous》를 사용한다.

- Pardon Madame ! Est-ce que vous pourriez me dire où est la rue de Rivoli ?
  실례합니다 부인, 리볼리 가(街)가 어디인가요?

존경이나 예의를 표하며 :

- Monsieur le Directeur, est-ce que je pourrais vous voir ?
  사장님, 뵈러 갈 수 있을까요?

2 회화체에서 《nous》는 흔히 《on》으로 대치된다.

- On a gagné ! (=nous avons gagné !)
  우리가 이겼다.

- Tu es prêt ? On part. (=nous partons)
  준비됐니? 우리 떠난다.

연습문제

1 Imitez le modèle.
Ex. Nous marchons depuis 2h, nous sommes morts de fatigue !
→ On marche depuis 2h, on est morts de fatigue.
① Qu'est-ce que nous faisons ce soir ? Nous sortons ?
② Nous avons eu un accident. Personne n'est blessé. Nous avons eu de la chance !
③ Les enfants rentrent de l'école et disent : «Nous avons faim ! Nous pouvons goûter maintenant ?»

정답 [보기]를 따라해 보시오.
[보기] 우리는 2시부터 걸어서 피곤해 죽겠다.
① Qu'est-ce qu'on fait ce soir? On sort?
  우리 오늘 저녁 뭐할까? 우리 외출할까?
② On a eu un accident. Personne n'est blessé. On a eu de la chance!
  우리는 사고가 났다. 아무도 다치지 않았다. 우리는 운이 좋다.
③ On a faim! On peut goûter maintenant?
  우리 배고파. 지금 간식할 수 있을까?

2 강세형 대명사

단수	복수
moi	nous
toi	vous
lui / elle	eux / elles

3 3인칭에서 주어가 《on》 또는 《tout le monde》일 때 강세형은 《soi》가 된다.

- Après le spectacle, tout le monde est rentré chez soi.
  공연이 끝나고 모든 사람은 자기 집으로 돌아갔다.

- On doit toujours avoir un papier d'identité sur soi.
  늘 신분증을 자기 몸에 지니고 있어야 한다.

[강세형 대명사의 용법]

1 차이를 나타내기 위해

- Toi, tu es argentin. Alberto, lui, est péruvien. Marina, elle, est colombienne et moi, je suis brésilien.
  너, 너는 아르헨티나 사람. 알베르토, 그는 페루인. 마리나, 그녀는 콜롬비아인 그리고 나는 브라질 사람이다.

2 《c'est》, 《ce sont》 다음에

- Qui a gagné la partie de tennis ? C'est moi !
  테니스 경기 누가 이겼냐? 나다.

- Les Smith viennent d'arriver : ce sont / c'est eux qui ont apporté ce magnifique bouquet de fleurs.
  스미스 가족이 방금 도착했다. 그들이 이 멋진 꽃다발을 갖고 왔다.

> **주의** Ce sont nous / Ce sont vous (×)
> C'est nous / C'est vous (○)

3 전치사 à, de, chez, pour, à côté de, devant, derrière, entre 그리고 《et/ou》 다음에

- Tu connais Philippe ? Je travaille avec lui à Radio-France.
  너 필립 아니? 나는 그와 같이 라디오 프랑스에서 일한다.

> **주의** Je travaille avec il à Radio-France. (×)
> Je travaille avec lui à Radio-France. (○)
> 나는 라디오 프랑스 방송국에서 그와 같이 일한다.

- Jean et moi, nous allons en Grèce cet été.
  장과 나는 그리스에 같이 간다.

4 동사를 반복하지 않을 때

- J'aime faire du camping et toi ?
  나는 캠핑을 좋아하는데 너는 어때?

  - Oui, moi aussi ! (=j'aime aussi faire du camping)
    응, 나도. (나도 캠핑 좋아해.)
  - Non, pas moi ! (=je n'amie pas faire du camping)
    아니, 나는 아냐. (나는 캠핑 좋아하지 않아.)

- Est-ce qu'elle a le même âge que son mari ?
  그녀는 남편과 동갑이니?

  - Non, elle est plus jeune que lui.
    아니, 그녀는 자기 남편보다 젊다.

5 강세형 대명사를 강조할 때

강세형 대명사를 강조하기 위해 《même》을 붙인다.

□ Ils ont repeint eux-mêmes tout leur appartement.
그들은 그들 스스로 아파트 전체를 페인트칠 했다.

> **연습문제**
>
> **2** Complétez les phrases par un pronom tonique.
> ① Laurent, il y a une lettre pour … sur ton bureau !
> ② Madame Lumière, c'est bien vous ? Oui, c'est … !
> ③ Hier soir, j'ai téléphoné chez les Dujardin, mais ils n'étaient pas chez … .
>
> **정답** 강세형 대명사로 문장을 완성시키시오.
> ① toi 로랑, 네 책상 위에 편지가 있다.
> ② moi 뤼미에르 부인 맞지요? 네, 바로 접니다.
> ③ eux 어제 저녁 나는 뒤자르뎅 가족에게 전화했지만 그들은 집에 없었다.

4 대명사 《en》

–en 대명사의 용법

■ 앞에 수량의 표현이 있는 직접목적어 명사를 대치한다

1 부정관사

Fabien mange - un sandwich. → Il en mange un. 파비엥은 샌드위치를 하나 먹는다.
      - une omelette. → Il en mange une. 파비엥은 오믈렛을 하나 먹는다.
      - des frites. → Il en mange. 파비엥은 감자튀김을 먹는다.

2 부분관사

Fabien mange - du saucisson. → Il en mange. 파비엥은 살라미를 먹는다.
       - de la viande. → Il en mange. 파비엥은 고기를 먹는다.
Fabien boit   de l'eau → Il en boit. 파비엥은 물을 마신다.

3 Pas de

Fabien ne mange pas de frites. → Il n'en mange pas.
그는 감자튀김을 먹지 않는다.

Fabien ne boit pas d'eau → Il n'en boit pas.
그는 물을 마시지 않는다.

4 Deux, dix, vingt, ... beaucoup, (un) peu, trop, moins, assez, plus ...
plusieurs, quelques, un(e) autre, ... de + 명사

- Vous avez des frères ? Oui, j'en ai deux.
  형제 있나요? 네, 둘 있습니다.

- Il y a trop de chiens à Paris ? Oh oui, il y en a trop !
  빠리에 개가 지나치게 많은가요? 네, 개가 지나치게 많아요.

- Claudia, tu as des amis français ? Oui, j'en ai quelques-uns.
  클라우디아, 프랑스 친구들 있니? 응, 몇 명 있어.

> **주의** Oui, j'en ai quelques. (×)
> Est-ce qu'il mange un sandwich?
> 그는 샌드위치 먹나요?
> Oui, il en mange. (○)
> Non, il n'en mange pas un. (×)
> Oui, il en mange un. (○)
> Non, il n'en mange pas. (○)

《de》 + 사물 명사를 대치한다.

- Est-ce que Victor parle de son travail ?
  빅또르는 자기 일에 대해 이야기를 하나요?

- Est-ce qu'il parle de sa vie à Paris ? Oui, il en parle.
  그는 빠리 생활에 대해 말하나요? 네, 거기 대해 말합니다.

- Est-ce qu'il parle de ses vacances ? Non, il n'en parle pas.
  그는 휴가에 대해 말하나요? 아니오, 거기 대해 말하지 않습니다.

- Tu as besoin de ce dictionnaire? Non, j'en ai pas besoin.
  너 사전 필요하니? 아니, 필요 없어.

- Vous êtes content de votre nouvelle voiture ? Oui, j'en suis très content.
  새 차에 만족하세요? 네, 아주 만족해합니다.

목적어가 사람일 때 다음과 같이 강세형 대명사를 사용하기도 한다.

- Elle a un frère peintre.
  그녀는 화가인 형제가 있다.

  Elle parle souvent de lui.
  그녀는 그에 대해 자주 말한다.

> 연습문제

3 Répondez aux questions en employant le pronom «en».

a.
① Est-ce que vous avez un ordinateur portable ?
② Pardon Monsieur, est-ce qu'il y a une banque près d'ici ?
③ Est-ce que tu as des vidéo-cassettes de langue française ?

b.
① Est-ce que vous avez fait de la natation quand vous étiez à l'école ?
② Est-ce qu'il y a du bruit dans votre rue la nuit ?
③ Est-ce que vous avez toujours de l'argent sur vous ?

c.
① Combien d'habitants, est-ce qu'il y a en France ? (60 millions)
② Dans votre quartier, il y a beaucoup d'espaces verts ? (ne ... pas assez)
③ Vous avez quelques livres français ? (quelques-uns)

> 정답 en 대명사를 이용해 답해보시오.

a.
① Oui, j'en ai un./Non, je n'en ai pas. 노트북 컴퓨터 있습니다/없습니다.
② Oui, il y en a une. Non, il n'y en a pas. 가까이에 은행 있습니다/없습니다.
③ Oui, j'en ai./Non, je n'en ai pas. 프랑스어 비디오 있다/없다.

b.
① Oui, j'en ai fait./Non, je n'en ai pas fait. 학생시절 수영했습니다./ 안 했습니다.
② Oui, il y en a./Non, il n'y en a pas. 밤에 길에서 소음이 있습니다./없습니다.
③ Oui, j'en ai toujours./Non, je n'en ai pas toujours. 늘 돈 있습니다./늘 있는 것은 아닙니다.

c.
① Il y en a environ 60 milions. 약 6천만 주민이 있습니다.
② Non, il n'y en a pas assez. 우리 동네에 녹지가 충분하지 않습니다.
③ Oui, j'en ai quelques-uns. 나는 프랑스 책이 몇 권 있습니다.

5 대명사 《le, la, les》

다음 표현이 앞서는 사람이나 사물 명사인 직접목적어를 대치한다

- 정관사 : le, la, les + 명사
- 소유형용사 : mon, ton, son, ... + 명사
- 지시형용사 : ce, cet, cette, ces + 명사

□ Est-ce qu'il regarde la photo de Marie ? → Oui, il la regarde.
그는 마리의 사진을 보나요?　　　　　　　　　네 그는 마리의 사진을 봅니다.

□ Est-ce qu'il regarde sa photo ? → Oui, il la regarde.
그는 그의 사진을 보나요?　　　　　　네, 그의 사진을 봅니다.

- Est-ce qu'il regarde cette photo ? → Non, il ne la regarde pas.
  그는 이 사진을 보나요? 아니오. 그는 이 사진을 보지 않습니다.

- Tu connais Simon depuis longtemps ? 너는 시몽을 오래 전부터 아니?
  Oh oui, je le connais depuis vingt ans. 응. 그를 20년 전부터 알고 있어.

- Et sa femme, tu l'as déjà recontrée ? Oui, je l'ai déjà vue deux ou trois fois.
  그의 아내도 만났니? 응. 두 번 인가 세 번 만났어.

- Et leurs enfants ? Non, je ne les connais pas.
  그들 아이들은? 나는 몰라.

비교해 봅시다.

en = 수량	le / la / les = 정해진 명사
• J'ai acheté un magnétoscope hier. 나는 어제 비디오 녹화기를 샀다. → J'en ai acheté un.	• J'ai acheté ce magnétoscope hier. 나는 어제 이 비디오 녹화기를 샀다. → Je l'ai acheté hier.
• Henri écoute souvent de la musique classique. 앙리는 자주 고전 음악을 듣는다. → Il en écoute souvent.	• Henri écoute souvent la radio. 앙리는 종종 라디오를 듣는다. → Il l'écoute souvent.
• Anne regarde quelques émissions sportives. 안느는 몇몇 스포츠 프로그램을 본다. → Elle en regarde quelques-unes.	• Anne regarde les émissions sportives. 안느는 스포츠 프로그램들을 본다. → Elle les regarde.

■ 《le》 대명사는 문장의 일부도 대치할 수 있다.

- Tu sais que Marie attend un enfant ?
  마리가 출산 예정인 것 아니?

- Oui, bien sûr, elle le dit à tout le monde. (le = attendre un enfant)
  물론, 그녀가 그것을 온 사람에게 말한다.

- Je dois m'occuper de mon jardin, je le ferai dimanche.
  (le = s'occuper de son jardin)
  나는 정원을 돌봐야하는데 그 일을 일요일에 할 것이다.

> **연습문제**

4 Remplacez les mots soulignés par «en» ou «le, la, les».

① Jean fait <u>du golf</u> tous les samedis.
   - Il pratique <u>ce sport</u> depuis peu de temps.
② Les Bonnard ont vendu <u>leur appartement de Lyon</u> il y a un an.
   - Ils ont acheté <u>une maison</u> dans les Alpes.
③ Pierre filme <u>ses enfants</u> sur la plage.
   - Pierre fait beaucoup de <u>films</u>.

정답 밑줄 친 단어를 《en》이나 《le, la, les》로 바꿔써보시오.
① Jean en fait. Il le pratique.
   쟝은 매주 토요일 골프를 한다. 골프 한지 얼마 안 됐다.
② Les Bonnard l'ont vendu. Ils en ont acheté une.
   보나르 가족은 작년에 리용 집을 팔았다. 그들은 알프스에 집을 샀다.
③ Pierre les filme. Pierre en fait beaucoup.
   삐에르는 해변에서 아이들을 동영상에 담았다. 삐에르는 많은 동영상을 만든다.

6 간접목적어 대명사 《lui, leur》

lui, leur는 《à + 사람》을 대치한다.

□ Est-ce que Vincent parle à un ami? Oui, il lui parle.
뱅쌍은 친구에게 말하니? 응, 그에게 말한다.

□ Est-ce qu'il parle à une amie? Non, il ne lui parle pas.
그는 여자 친구에게 말하니? 아니, 그녀에게 말하지 않는다.

□ Est-ce qu'il parle à ses frères? Oui, il leur parle.
그는 형제들에게 말하니? 응, 그들에게 말한다.

□ Est-ce qu'il parle à ses soeurs? Non, il ne leur parle pas.
그는 누이들에게 말하니? 아니, 누이들에게 말하지 않는다.

주의 Ils téléphonent à leurs parents.
그들은 그들의 부모님께 전화한다.
Ils leur téléphonent.
그들은 그들의 부모님께 전화한다.

1 소통의 동사들 + à

parler à quelqu'un 말하다   dire à quelqu'un 이야기하다
téléphoner à quelqu'un 전화하다   envoyer à quelqu'un 보내다
écrire à quelqu'un ~에게 편지하다   répondre à quelqu'un 대답하다
donner à quelqu'un 주다   raconter à quelqu'un 이야기하다

《penser à quelqu'un ~를 생각하다》은 《à + 강세형 대명사》로 사용한다.
Je pense à mon fils, à ma fille.
나는 아들/딸을 생각한다.
Je pense <u>à lui</u>, je pense <u>à elle</u>.
나는 아들/딸을 생각한다.

[직접/간접 목적어 비교]

le / la / les 직접목적어(~을, 를)	lui / leur 간접목적어(~에게)
• Il aime bien son professeur. 그는 자기 선생님을 아주 좋아한다. → Il l'aime bien.	• Il écrit à son professeur. 그는 선생님께 편지를 쓴다. → Il lui écrit.
• Elle aime bien ses cousins . 그녀는 사촌들을 아주 좋아한다. → Elle les aime bien.	• Elle téléphone à ses cousins. 그녀는 사촌들에게 전화한다. → Elle leur téléphone.

연습문제

5 Remplacez les mots soulignés par «lui» ou «leur»
① Étienne a envoyé une lettre de motivation <u>au directeur du personnel</u>.
② Madame Lenoir et Monsieur Barrot partent à la retraite. Le personnel de l'usine offrira des cadeaux <u>à Madame Lenoir et à Monsieur Barrot</u>.
③ Alex n'a pas bien répondu <u>au professeur</u>.

> **정답** 밑줄친 단어를 《lui》 또는 《leur》로 대치해보시오.
> ① Étienne lui a envoyé 에띠엔느는 인사책임자에게 지원동기서를 보냈다.
> ② Le personnel de l'usine leur offrira des cadeaux. 공장 직원들은 그들에게 선물을 줄 것이다.
> ③ Alex ne lui a pas bien répondu. 알렉스는 선생님께 제대로 대답하지 못했다.

6 Remplacez les mots soulignés par «le, la, les»ou «lui, leur».
① La petite Aurore ressemble <u>à sa mère</u>. - Elle imite toujours <u>sa mère</u>.
② Clotilde a téléphoné <u>à son copain</u>. - Elle retrouvera <u>son copain</u> dans un café.
③ Jeanne demande souvent conseil <u>à ses amis</u>. -Elle écoute <u>les conseils de ses amis</u>.

> **정답** 밑줄친 단어를 《le, la, les》 또는 《lui, leur》로 대치하시오.
> ① Aurore lui ressemble, Elle l'imite toujours.
> 꼬마 오르르는 엄마를 닮았다. 오르르는 늘 엄마를 따라한다.
> ② Clotilde lui a téléphoné, Elle le retrouvera.
> 끌로띨드는 자기 친구에게 전화했다. 그를 까페에서 만날 것이다.
> ③ Jeanne leur demande souvent conseil, Elle les écoute.
> 쟌느는 자주 친구들에게 조언을 구한다. 그녀는 친구들의 조언을 듣는다.

7 직접목적어 대명사 me, te, nous, vous, se

me, te, nous, vous는 같은 형태로 직접목적어, 간접목적어 역할을 한다

regarder quelqu'un 누구를 보다 (직접목적어)	plaire à quelqu'un ~에게 마음에 들다(간접목적어)
Il me regarde. 그는 나를 본다. 　te 너를 　nous 우리를 　vous 당신(들)을	Ce film me plaît. 이 영화는 내게 마음에 든다. 　te 네게 　nous 우리에게 　vous 당신(들)에게

- Allô, est-ce que vous m'entendez bien? Non, je ne vous entends pas bien. Parlez plus fort. (entendre quelqu'un 누구의 말을 듣다 = 직접목적어)
  여보세요, 내 말 잘 들리세요? 아니오, 잘 안 들립니다. 크게 말해주세요.

- Est-ce que vous m'avez envoyé les documents? Oui, je vous ai tout faxé. (envoyer/faxer à quelqu'un 누구에게 보내다, 팩스를 보내다 = 간접목적어)
  내게 서류 보내셨어요? 네, 모두 팩스로 보냈습니다.

se는 대명동사에서 사용한다.

- Elle se regarde dans la glace.
  그녀는 거울 안의 스스로를 본다.

- Ils s'écrivent presque tous les jours.
  그들은 거의 매일 서로에게 편지를 쓴다.

연습문제

7 Répondez aux question. Ex. Est-ce que Pierre vous a écrit? ➡ Oui, il nous a écrit.
　① Est-ce que tu m'attendras devant la gare ou à l'intérieur?
　② Est-ce que ta soeur t'a téléphoné?
　③ Est-ce que le malade se promène un peu tous les jours?

정답 질문에 답해보시오.
　[보기] 삐에르가 당신께 편지 보냈나요? → 네, 우리에게 보냈습니다.
　① Je t'attendrai à l'intérieur. 역 안에서 너를 기다리겠다.
　② Oui, elle m'a téléphoné/Non, elle ne m'a pas téléphoné. 그녀가 내게 전화 했다/안 했다.
　③ Oui, il se promène un peu. 네, 환자는 조금씩 산책합니다.

8 《y》 대명사

■ y는 장소의 표현을 대치한다.

□ Est-ce qu'il va à la piscine? 그는 수영장에 가나요?
　　　　　　　　　en Colombie? 그는 콜롬비아에 가나요?
　　　　　　　　　au Portugal? 그는 포르투갈에 가나요?
　　　　　　　　　au mariage de sa cousine? 그는 사촌 결혼식에 가나요?
→ Oui, il y va. 네. 거기 갑니다.
→ Non, il n'y va pas. 아니오. 거기 가지 않습니다.

1 《y》는 《à + 명사》를 대치한다.

Est-ce que Pierre joue au poker? 삐에르는 포커 하나요?
　　　　　　　　　　　　aux échecs? 체스 하나요?
→ Oui, il y joue. 네. 합니다.
→ Non, il n'y joue pas. 아니오. 하지 않습니다.

> **주의** Tu es allé en Espagne cet été? 너 이번 여름 스페인 갔니?
> Oui, je suis allé là. (×)
> Je suis allé.(x)
> Oui, j'y suis allé. (○) 응, 거기 갔어.

《y》는 aller동사의 미래나 조건법 활용 앞에서는 사용하지 않는다.

□ Tu iras à la pisine samedi? 너 토요일에 수영장 가니?
　Oui, j'y irai (×) → Oui, j'irai. 그래. 간다.

□ Tu a pensé à l'anniversaire de ta mère?
　너는 어머니 생일을 생각하니?

　Oui, j'y ai pensé, je lui ai acheteté des chocolats.
　응, 생각했어, 초콜릿 사드렸어.

[y와 lui, leur 비교]

y = à + 사물, 아이디어	lui / leur = à + 사람
Il assiste toujours au cours de M. Legrand. 그는 늘 르그랑 교수 수업을 듣는다. → Il y assiste toujours.	Il a téléphoné à M. Legrand. 그는 르그랑 씨에게 전화했다. → Il lui a téléphoné.

> 연습문제

8 Remplacez les mots soulignés par le pronom «y».
ex. Diego est bien habitué au climat de Paris. ➔ Diego y est bien habitué.
① En été, il fait très chaud en Corse.
② Je ne suis jamais allé dans un casino.
③ Nous avons participé au marathon de Paris.

> 정답 밑줄 친 단어를 《y》대명사로 대치하시오.
① En été, il y fait très chaud. 여름에 코르시카는 무척 더웠다.
② Je n'y suis jamais allé. 나는 카지노에 간 일이 전혀 없다.
③ Nous y avons participé. 우리는 빠리 마라톤에 참가했다.

9 Remplacez les mots soulignés par «y» ou «lui, leur»
① Nous jouons souvent aux cartes.
② Les clowns plaisent beaucoup aux enfants.
③ Il n'a pas répondu à la question du professeur.

> 정답 밑줄 친 단어를 《y》 또는 《lui, leur》로 대치하시오.
① Nous y jouons souvent. 우리는 자주 카드놀이를 한다.
② Les clowns leur plaisent beaucoup. 어릿광대들은 어린이들을 즐겁게 한다.
③ Il n'y a pas répondu. 그는 선생님 질문에 답하지 않았다.

9 직접/간접 목적어 대명사의 위치

《en》과 함께

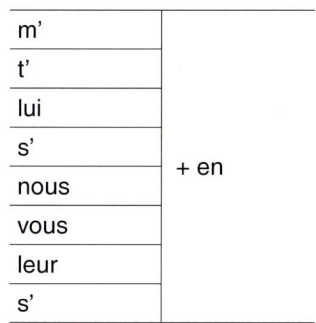

□ Elle me donne un livre. → Elle m'en donne un.
그녀는 내게 책을 한 권 준다.

□ On lui a offert des rollers. → On lui en a offert.
누군가 그에게 롤러스케이트를 주었다.

1 《le, la, les》와 함께

me	
s	
te	+ le, la, le
nous	
vous	

□ Elle nous donnera son livre. → Elle nous le donnera.
그녀는 우리에게 책을 줄 것이다.

□ Il m'a prêté sa moto. → Il me l'a prêtée.
그는 내게 자기 오토바이를 빌려주었다.

2 《lui, leur》와 함께

le	
la	+ lui, leur
les	

□ Il enverra sa nouvelle adresse à ses amis. → Il la leur enverra.
그는 새 주소를 친구들에게 보낼 것이다.

■ 긍정 명령문에서

1 목적어 대명사는 동사 뒤에 놓인다.

□ Regarde ma collection de timbres → Regarde-la!
내 우표 컬렉션을 봐라.

□ Écris à ta grand-mère! → Écris-lui!
할머니께 편지 써라.

□ Pendant ton voyage, prends beaucoup de photos! → Prends-en beaucoup!
여행하는 동안 사진 많이 찍어라.

2 me, te는 moi, toi가 된다.

□ Téléphone-moi ce soir!
오늘 저녁 내게 전화해.

□ Voilà du poulet. Sers-toi!
닭고기다. 들어라.

> 주의 동사와 대명사 사이에 이음줄 (trait-d'union)을 사용하는 것에 주의!
> Écoute-moi! 내 말 들어라.

aller 동사, 1군동사 그리고 ouvrir, offrir 동사는 tu의 활용형이 en, y 앞에서 발음을 용이하게 하려고 s를 붙인다.

- Achète du pain! Achètes-en!
  빵 사와라.

- Va à la boulangerie! Vas-y!
  빵집에 가라.

3 목적어 대명사가 둘일 때

en과 함께

m'	
t'	
lui	+ en
nous	
leur	

- Donnez-moi un pain de campagne. → Donnez-m'en un.
  시골빵 하나 주세요.

《le, la, les》와 함께

le	
la	moi / lui / nous / leur
les	

- Donne-moi ton addresse. → Donne-la-moi.
  네 주소를 알려다오.

4 부정문에서 대명사는 동사 앞에 놓인다.

- Il n'est pas tard. Ne t'en va pas!
  늦지 않았다. 가지 마라.

- Elle dort. Ne la réveillez pas!
  그녀는 잡니다. 깨우지 마세요.

동사 + 동사원형인 경우

aller, vouloir
savoir, pouvoir + 대명사 + 동사원형
devoir, aimer, ...

- Ils veulent acheter une autre voiture.
  - → Ils veulent en acheter une autre.
    그들은 또 다른 차를 사고 싶어한다.

- Je ne peux pas répondre à ces questions.
  - → Je ne peux pas y répondre.
    나는 이 질문들에 답하지 못한다.

- Elle aimerait visiter le château de Chambord.
  - → Elle aimerait le visiter.
    그녀는 샹보르 성을 가보고 싶어한다.

- J'ai plein de cerises dans mon jardin. Je vais vous en donner.
  나는 정원에 체리가 가득 있어요. 체리를 드리겠습니다.

1 Faire, laisser + 동사원형

목적어 대명사는 첫 번째 동사 앞에 놓인다.

- En automne, le vent fait tomber les feuilles des arbres.
  - → Le vent les fait tomber.
    가을에 바람은 나뭇잎을 떨어뜨린다.

- Le policier laisse passer les voitures.
  - → Il les laisse passer.
    경찰관은 차들이 지나가게 한다.

그러나 명령문에서는 어순이 달라진다.

- Fais manger Thomas!
  - → Fais-le manger!
    또마가 먹게 해라.

연습문제

10 Remplacez les mots soulignés par des pronoms.

① J'ai fini de lire le livre que tu m'avais prêté. Je te rendrai ce livre demain.
② Pour filmer le match de rugby de mon club, je n'avais pas de caméra.
   Un ami m'a prêté une caméra.
③ J'ai un problème de santé. Je vais voir le Docteur Lafont. Je parlerai de ce problème au Docteur Lafont.

정답 밑줄 친 단어를 대명사로 바꿔써보시오.

① Je te le rendrai demain. 이 책을 내일 돌려주마.
② Un ami m'en a prêté une. 친구 하나가 이 카메라를 빌려줬다.
③ Je lui en parlerai. 나는 건강문제를 라퐁 의사에게 말하겠다.

11 Complétez les phrases par un pronom.

① Votre enfant est malade : Prenez sa température! → Prenez ...!
   Appelez le médecin! → Appelez ...!
   Et donnez à boire à votre enfant! → Et donnez ... à boire !
② S'il y a des soldes, allez dans les magasins tout de suite !
   → Allez ... tout de suite !
③ N'oubliez pas votre carte de crédit! → Ne ... oubliez pas!
   Essayez plusieurs vêtements! → Essayez ... plusieurs!
   Et ne dépensez pas trop d'argent! → Et ne ... dépensez pas trop!

정답 문장을 대명사로 완성시키시오.

① Prenez-la! Appelez-le!
   체온을 측정하세요. 의사를 부르세요.
② Et donnez-lui à boire!
   당신 아이에게 마실 것을 주세요.
③ Allez-y tout de suite! Ne l'oubliez pas! Essayez-en plusieurs! Et n'en dépensez pas trop!
   가게에 즉시 가세요. 신용카드 잊지 마세요. 옷 여러 가지 입어보세요. 돈 너무 쓰지 마세요.

12 Remplacez les mots soulignés par un pronom.

① J'aime bien faire de la bonne cuisine pour mes amis.
② Xavier doit aller en Italie pour un congrès.
③ En ce moment, il faut arroser les fleurs tous les jours.

정답 밑줄 친 단어를 대명사로 대치해보시오.

① J'aime bien en faire. 나는 친구들에게 좋은 요리 해주기를 좋아한다.
② Xavier doit y aller. 자비에는 학회 참석을 위해 이탈리아에 가야 한다.
③ il faut les arroser. 요즘 매일 꽃에 물을 줘야 한다.

DELF B2

13 Dans la lettre suivante, remplacez les mots soulignés par un pronom pour éviter les répétitions. Utilisez «en, le, la, l', y, lui, ...»

Chère Claire,

　　Je suis en vacances dans une région qui s'appelle le Limousin. Je suis <u>dans le Limousin</u> depuis une semaine. On voit peu de cultures <u>dans le Limousin</u> mais on aime la nature et on protège <u>la nature</u>. On aime aussi l'accordéon. Je joue <u>de l'accordéon</u> avec un groupe de musiciens traditionnels. La châtaigne est le fruit le plus courant. On vend beaucoup <u>de châtaignes</u> sur les marchés. Le sport préféré est le rugby. On est fou <u>de rugby</u>! Le maillot de l'équipe est noir et blanc. Tout le monde connaît ce maillot et veut acheter <u>ce maillot</u>.

　　L'équipe de rugby est célèbre. On doit beaucoup <u>à cette équipe</u> dans la région et on apprécie cette équipe. Le nom de famille le plus répandu chez les habitants est Le Masson. Je connais une dizaine <u>d'habitants</u> qui portent ce nom.
Et toi., dans quelle région es-tu?

　　　　　　　　　　　　　　　　　　　Réponds-moi. Je t'embrasse.

　　　　　　　　　　　　　　　　　　　Geneviève

정답 다음 편지에서 반복을 피하기 위해 밑줄 친 단어는 대명사로 대치하시오.《 en, le, la, l', y, lui, ...》를 이용하시오.

정다운 끌레르
　나는 리무쟁이란 지방에 휴가차 와있다. 이곳에 있은 지 1주일 되었다. 리무쟁에 경작지는 별로 없지만 사람들은 자연을 사랑하고 자연을 보호한다. 사람들은 아코디언도 좋아한다. 나는 전통 음악가 그룹과 함께 아코디언을 연주한다. 밤이 가장 흔한 과일이다 시장에서 밤을 많이 판다. 좋아하는 스포츠는 럭비다. 사람들은 럭비에 열광한다. 지역팀 유니폼은 검정색과 흰색이다. 모든 사람은 이 유니폼을 알고 있고 이 유니폼을 사고 싶어 한다.

　럭비팀은 유명하다. 사람들은 이 팀의 덕을 많이 보고 이 팀을 높이 평가한다. 주민들 성(姓)가운데 제일 흔한 것은 르 마쏭이다. 나는 이 이름을 가진 주민 10여명을 알고 있다. 그런데 너는 어디 있니?
　　　　　　　　　　　　　　　답장 보내라. 포옹을 보내며
　　　　　　　　　　　　　　　쥬느비에브

J'y suis, On y voit peu de cultures, on la protège, j'en joue, On en vend beaucoup, On en est fou, Tout le monde le connaît et veut l'acheter, On lui doit beaucoup, on l'apprécie, J'en connais une dizaine qui le portent

18 관계대명사

관계대명사는 앞선 명사를 대치하고 반복을 피하며 두 문장을 연결시킨다.

1 Qui/Que

《Qui》는 주어

Nous avons un fils.   Notre fils joue de la flûte.
                               (주어)

→ Nous avons un fils qui joue de la flûte.
우리는 플룻을 연주하는 아들이 있다.

□ Nous avons des enfants qui aiment beaucoup la musique.
                          (qui = nos enfants)
우리는 음악을 아주 좋아하는 아이들이 있다.

Qui는 사물 명사도 대치한다

Le sapin est un arbre.   Cet arbre pousse dans les montagnes.
                                  (주어)

→ Le sapin est un arbre qui pousse dans les montagnes.
전나무는 산에서 자라는 나무다.

□ Dans le salon, il y a deux grandes fenêtres qui donnent sur un parc.
                                       (qui = les fenêtres)
거실에는 정원이 보이는 커다란 두 개의 창문이 있다.

1 《Qui》 + 모음은 축약되지 않는다.

Des enfants qu'aiment la musique. (×)

Des enfants qui aiment la musique. (○)
음악을 좋아하는 아이들

2 《Que》 + 모음은 《qu'》가 된다.

　　Que il(s), que elle'(s), que on (×)
　　Qu'il(s), qu'elle(s), qu'on (○)

■ 《Que》는 직접목적어

1 《Que》는 사람을 대치

　　C'est un journaliste.　　　J'ai rencontré ce journaliste à Paris.
　　　　　　　　　　　　　　　　　　　　　　　　　　　　　(직접목적어)

　→ C'est un journaliste que j'ai rencontré à Paris.
　　　내가 빠리에서 만난 기자다.

　　□ Il joue au foot avec des amis qu'il connaît depuis son enfance.
　　　　　　　　　　　　　　　　　　　　(qu'= des amis)
　　　그는 어린 시절부터 알고 있는 친구들과 축구를 한다.

2 《Que》는 사물, 아이디어를 대치

　　J'ai acheté un disque. J'écoute ce disque très souvent.
　　　　　　　　　　　　　　　　　　　　　(직접목적어)

　→ J'ai acheté un disque que j'écoute très souvent.
　　　나는 내가 구입한 이 음반을 자주 듣는다.

　　□ On a offert à Julie deux cassettes vidéo qu'elle regarde tout le temps.
　　　　　　　　　　　　　　　　　　　　　　(qu'= les cassettes vidéo)
　　　쥘리는 선물로 받은 비디오를 자주 본다.

　《Que》는 주어가 되는 일이 없다.

　① J'ai acheté un livre que c'est intéressant. (×)
　　　J'ai acheté un livre qui est intéressant. (○)
　　　나는 재미있는 책을 샀다.

　② C'est un professeur qui j'aime bien. (×)
　　　C'est un professeur que j'aime bien.
　　　내가 아주 좋아하는 선생님이다.

3 《Qui》와 《que》 비교

　　□ Un dictionnaire est un livre qui explique le sens des mots.
　　　　　　　　　　　　　　　　　(qui = expliquer 동사의 주어)
　　　사전은 단어의 의미를 설명하는 책이다.

□ Un dictionnaire est <u>un livre</u> que les étudiants utilisent beaucoup.
(que = utiliser 동사의 직접목적어)
사전은 학생들이 많이 이용하는 책이다.

《Qui》와 《que》는 대명사를 대치할 수 있다

□ C'est <u>lui</u> qui a raison.
그 사람이 옳다.

□ Regrde cette voiture. C'est <u>celle</u> que j'aimerais acheter.
이 차를 봐라. 내가 사고 싶은 차다.

□ Un boulanger, c'est <u>quelqu'un</u> qui fait du pain.
제빵사는 빵을 만드는 사람이다.

인칭대명사에 동사를 맞춘다.

□ C'est <u>moi qui</u> ai raison. 내가 옳다.
C'est <u>toi qui</u> as raison. 네가 옳다.
C'est <u>nous qui</u> avons raison. 우리가 옳다.

연습문제

1 Reliez les phrases par «qui» ou «que».
Ex. C'est un livre. J'ai lu ce livre la semaine dernière.
➜ C'est un livre que j'ai lu la semaine dernière.
① M. Martin est le patron d'un café. Ce café est au coin de la rue.
 - M. Martin est le patron d'un café. Les jeunes aiment beaucoup ce café.
② C'est un documentaire, J'ai vu ce documentaire trois fois.
 - C'est un documentaire. Ce documentaire parle de la vie des animaux en Afrique.
③ Picasso est un peintre. Il a révolutionné la peinture du XXe siècle.
 - Picasso est un peintre. Beaucoup de gens le connaissent.

정답 《qui》 ou 《que》로 문장을 연결시켜보시오.
[보기] 이것은 내가 지난 주에 읽은 책이다.
① C'est le patron d'un café qui est au coin de la rue. C'est le patron d'un café que les jeunes aiment beaucoup.
그는 길모퉁이 까페 주인이다. 젊은이들은 까페 주인을 아주 좋아한다.
② C'est un documentaire que j'ai vu trois fois. C'est un documentaire qui parle de la vie des animaux en Afrique.
내가 세 번 읽은 다큐멘터리. 아프리카 동물의 삶을 다룬 자료다.
③ C'est un peintre qui a révolutionné... ; C'est un peintre que beaucoup de gens connaissent.
피카소는 20세기 회화에 혁명을 이룬 화가다. 그는 많은 사람들이 알고 있는 화가다.

2 Complétez les phrases par «qui» ou «que».

① La pizza, c'est un plat ... a fait le tour du monde.
② Le cirque est un spectacle ... plaît à tout le monde et ... les enfants adorent.
③ Jacques Brel et Édith Piaf sont des chanteurs ... sont morts mais ... les gens écoutent encore.

정답 《qui》 또는 《que》로 문장을 완성시키시오.
① qui 피자는 세계 일주를 한 요리다.
② qui, que 서커스는 모든 사람을 즐겁게 하고 어린이들은 서커스를 매우 좋아한다.
③ qui, que 자끄 브렐과 에디뜨 삐아프는 사망한 가수지만 사람들은 아직도 좋아한다.

2 Où

《Où》는 장소 또는 시간의 표현을 대치한다

1 《Où》는 장소를 대치한다.

Londres est une ville. Il y a beaucoup d'espaces verts dans cette ville.
　　　　　　　　　　　　　　　　　　　　　　　　　　　　　　　　(장소)

→ Londres est une ville où il y a beaucoup d'espaces verts.
런던은 녹지가 많은 도시다.

▫ L'étudiant a une grande bibliothèque où il range tous ses livres.
　　　　　　　　　　　　　　　　　　(où = dans cette bibliothèque)
그 학생은 모든 자기 책을 정리한 큰 책장을 갖고 있다.

2 《Où》는 시간을 대치한다.

Octobre, novembre, décembre sont trois mois. Il pleut beaucoup pendant ces mois-là.
　　　　　　　　　　　　　　　　　　　　　　　　　　　　　　　　(시간)

→ Octobre, novembre, décembre sont trois mois où il pleut beaucoup.
10월, 11월, 12월은 비가 많이 오는 3개월이다.

▫ Il a fait 40° l'année où je suis allé en Grèce.
　　　　　　　(où= pendant cette année-là)
내가 그 해에 그리스에 갔을 때 기온이 40도였다.

주의 《ou》와 《où》를 혼동하지 말아야 한다.

▫ C'est un café où je vais souvent.
내가 자주 가는 까페다.

□ Voulez-vous du thé ou café?
  차를 원하세요 아니면 커피를 원하세요?

① Le jour quand je suis arrivé en France, il pleuvait. (×)
  Le jour où je suis arrivé en France, il pleuvait. (○)
  내가 프랑스에 도착한 날, 비가 오고 있었다.

② La première fois où j'ai pris l'avion, j'avais trois ans. (×)
  La première fois que j'ai pris l'avion, j'avais trois ans. (○)
  내가 처음 비행기를 탔을 때 나는 세 살이었다.

다음을 비교해보자.

□ C'est un musée où je suis allé dimanche. (aller dans un musée 장소)
  내가 일요일에 갔던 박물관이다.

□ C'est un musée que j'ai visité dimanche. (visiter un musée 동작)
  내가 일요일에 가 본 박물관이다

연습문제

3 Reliez les phrases par «où».
  Ex. Un désert est un endroit. Il y a très peu d'eau dans cet endroit.
  → Un désert est un endroit où il y a très peu d'eau.
  ① Ils étaient en voyage au Mexique un jour. Il y a eu un tremblement de terre ce jour-là.
  ② Ma grand-mère est née l'année. La Seconde Guerre mondiale a commencé cette année-là.
  ③ Près de chez moi il y a une boutique de produits italiens. J'achète souvent des raviolis frais dans cette boutique.

  정답 où로 문장을 연결하시오.
  [보기] 사막은 물이 거의 없는 땅이다.
  ① un jour où il y a eu un tremblement de terre.
    그들이 멕시코를 방문한 날 지진이 있었다.
  ② l'année où la seconde guerre mondiale a commencé.
    할머니가 태어난 해에 2차 세계대전이 발발했다.
  ③ une boutique de produits italiens où j'achète souvent des raviolis.
    집 가까이 있는 이탈리아 상품점에서 나는 생 라비올리를 자주 산다.

4 Complétez les phrases par «qui, que, où».
  ① Paris, c'est la ville ... Maryse est née.
    - Paris, c'est une ville très ancienne ... attire beaucoup de touristes étrangers.
    - Paris, c'est une ville très ancienne ... tous les touristes veulent voir.
  ② Le 14 juillet 1789, c'est le jour ... les Parisiens ont pris la prison de la Bastille.
    - Le 14 juillet 1789, c'est maintenant une fête populaire ... est célébrée avec des feux d'artifice et des bals dans toutes les villes de France.
    - Le 14 juillet 1789, il y a aussi un défilé sur les Champs-Élysées ... on peut regarder à la télévision.

> **정답** 《qui, que, où》로 문장을 완성시키시오.
> ① où, qui, que 빠리는 마리즈가 태어난 도시다. 빠리는 많은 외국 관광객을 끄는 오래된 도시다. 빠리는 모든 관광객이 가보기 원하는 도시다.
> ② où, qui, qu'on 1789년 7월 14일은 빠리 사람들이 바스티유 감옥을 장악한 날이다. 1789년 7월 14일은 지금 불꽃놀이와 무도회로 프랑스 모든 도시가 기념하는 경축일이다. 1789년 7월 14일은 사람들이 TV로 볼 수 있는 샹젤리제 퍼레이드가 있는 날이다.

3 전치사 + 《qui / lequel》

전치사 + 《qui》

1 《qui》는 사람을 대치한다.

Voici un ami. Je fais du sport avec cet ami.

→ Voici un ami avec qui je fais du sport.
여기 나와 같이 운동하는 친구가 있다.

☐ Éric a une amie tunisienne à qui il téléphone toutes les semaines.
(téléphoner à quelqu'un)
에릭은 매주 전화하는 튀니지 여자 친구가 있다.

☐ Les Martin sont des amis chez qui nous allons souvent le week-end.
(aller chez quelqu'un)
마르땡 가족의 집은 우리가 주말에 자주 간다.

전치사 + 《lequel》

	남성	여성
단수	lequel	laquelle
복수	lesquels	lesquelles

다음과 같이 축약에 주의

à + lequel → auquel
à + lesquels → auxquels
à + lesquelles → auxquelles

☐ C'est un projet auquel il pense depuis longtemps. (penser à)
그가 오래 전부터 생각한 프로젝트다.

1 《lequel》은 사물 명사를 대치한다. 그리고 대치하는 명사에 일치시킨다.

La pomme de terre est un légume. Avec ce légume, on fait de la purée ou des frites.

→ La pomme de terre est un légume avec lequel on fait de la purée ou des frites.
감자는 이것으로 퓨레나 감자튀김을 만드는 야채다.

▫ Regarde ces photos sur lesquelles tu verras notre nouveau bateau.
우리 새로운 배를 볼 수 있는 이 사진들 봐라.

▫ Le professeur m'a posé une question à laquelle je n'ai pas pu répondre. (répondre à quelque chose)
선생님은 내게 질문 했는데 나는 거기 답하지 못했다.

《lequel》은 사람을 대치하기도 한다.

▫ C'est un collègue avec lequel je déjeune souvent.
내가 저주 점심식사를 같이 하는 동료다.

연습문제

5 Reliez les phrases par «préposition + qui» ou «préposition + lequel».
Ex. L'Opéra est un monument. Les voitures ne peuvent pas stationner devant ce monument.
→ L'Opéra est un monument devant lequel les voitures ne peuvent pas stationner.
① Fabien a une grosse moto. Il a fait beaucoup de voyages avec cette moto.
  - Fabien a une petite amie. Il a fait beaucoup de voyages avec cette amie.
② J'aimerais voir le directeur. J'ai envoyé mon curriculum vitae au directeur.
③ Elle a installé des étagères. Elle rangera ses livres sur ces étagères.

> **정답** 《전치사 + qui》 또는 《전치사 + lequel》로 문장을 연결시켜보시오.
> [보기] 오페라는 그 앞에 차들이 주차할 수 없는 기념물이다.
> ① une grosse moto avec laquelle il a fait beaucoup de voyages, une petite amie avec qui il a fait beaucoup de voyages.
> 큰 오토바이/애인과 함께 파비엥은 많은 여행을 했다.
> ② le directeur à qui j'ai envoyé mon curriculum vitae.
> 내가 이력서를 보낸 사장님을 만나고 싶습니다.
> ③ des étagères sur lesquelles elle rangera ses livres.
> 그녀는 그 위에 책들을 정리할 선반을 설치했다.

6 Complétez les phrases par «qui» ou «lequel» (attention à la contraction).
① C'est un commerçant chez … je vais très souvent.
② Le Monopoly est un jeu à … je jouais quand j'étais enfant.
③ J'ai une très grande commode dans … je range mes vêtements.

정답 축약에 주의하며 《qui》 또는 《lequel》로 문장을 완성시켜 보시오.
① chez qui 내가 그 집에 자주 가는 상인이다.
② un jeu auquel 모노폴리는 내가 어릴 때 자주 하던 놀이다.
③ dans laquelle 나는 내 옷들을 정리하는 큰 서랍장이 있다.

4 《Dont》

《Dont》은 전치사 de + 명사를 대치한다

1 《Dont》이 사람을 대치할 때

C'est une jeune actrice. On parle beaucoup de cette actrice en ce moment.

→ C'est une jeune actrice dont on parle beaucoup en ce moment.
사람들이 요즘 많이 이야기하는 여배우다.

□ Julien a fait la connaissance d'un étudiant américain dont le grand-père est français. (dont= de cet étudiant)
쥴리앙은 한 미국학생을 알게 되었는데 그의 할아버지는 프랑스인이다.

2 《Dont》이 사물을 대치할 때

J'ai acheté un téléphone portable. Je me sers beaucoup de ce téléphone portable. (시간)

→ J'ai acheté un téléphone portable dont je me sers beaucoup.
나는 내가 많이 사용하는 휴대폰을 구입했다.

□ C'est un roman dont la fin est très triste. (dont = de ce roman)
결말이 매우 슬픈 소설이다.

3 다음을 비교해 보자.

□ C'est un film dont j'aime beaucoup la musique. (aimer la musique de ce film)
내가 이 영화의 음악을 좋아하는 영화다.

□ C'est un film que j'aime beaucoup. (aimer le film)
내가 좋아하는 영화다.

> 연습문제

7 Reliez les phrases par «que» ou «dont».
Ex. On m'a offert un roman. L'auteur de ce roman est mexicain.
➔ On m'a offert un roman dont l'auteur est mexicain.

① Mes voisins ont un gros chien. J'ai très peur de ce gros chien.
   - Mes voisins ont un gros chien. Ils on acheté ce chien en Normandie.
② Cendrillon est un conte. Tous les enfants connaissent ce conte.
   - Cendrillon est un conte. L'héroïne de ce conte a perdu sa chaussure au bal.
③ C'est un parfum de Dior. Je mets très souvent ce parfum.
   - C'est un parfum de Dior. J'ai très envie de ce parfum.

정답 《que》 또는 《dont》으로 문장을 연결시키시오.
[보기] 누가 내게 소설책을 주었다. 이 소설의 저자는 멕시코인이다. → 누가 내게 저자가 멕시코인인 소설책을 주었다.
① un gros chien dont j'ai très peur 내가 매우 무서워하는 큰 개
   un gros chien qu'ils ont acheté en Normandie. 그들이 노르망디에서 산 큰 개
② un conte que tous les enfants connaissent 모든 어린이들이 아는 동화
   un conte dont l'héroïne a perdu sa chaussure au bal.
   여주인공이 무도회에서 신발을 잃어버리는 동화
③ un parfum de Dior que je mets très souvent, 내가 자주 사용하는 디오르 향수
   un parfum de Dior dont j'ai très envie. 내가 매우 갖고 싶은 디오르 향수

8 Complétez les phrases par «qui», «que», «dont», «où».
① La Suisse est un pays
   ... on parle quatre langues.
   ... fabrique des montres.
   ... beaucoup de touristes visitent.
② Cézanne est un peintre
   ... j'aime beaucoup.
   ... a vécu dans le Midi de la France.
   ... les tableaux sont dans les plus grands musées.

정답 《qui》, 《que》, 《dont》, 《où》로 문장을 완성시켜보시오.
① La Suisse est un pays où on parle quatre langues, qui fabrique des montres, que beaucoup de touristes visitent.
   스위스는 네 가지 언어를 말하고 시계를 만들고 많은 관광객이 찾는 나라다.
② Cézanne est un peintre que j'aime beaucoup, qui a vécu dans le midi de la France, dont les tableaux sont dans les plus grands musées.
   세잔은 내가 좋아하고 남불 지방에 살았으며 그의 작품이 큰 박물관들에 있는 화가다.

9 Complétez par «qui», «que», «dont».
① À la gare avez-vous des billets ...
   - ... on peut utiliser dans tous les pays d'Europe?
   - ... sont valables trois mois?
② Chez le marchand de journaux je prends «Le monde» parce que ...
   - c'est le journal .. je préfère.
   - c'est le journal ... paraît le soir.

> **정답** 《qui》, 《que》, 《dont》으로 완성시켜보시오.
> ① qu', qui 유럽 모든 국가에서 쓸 수 있는 티켓. 3개월 유효
> ② que, qui 내가 선호해하는 신문. 저녁에 나오는 신문

DELF B2

10 Complétez ces extraits du courrier des lecteurs.
Utilisez les pronoms relatifs «qui», «que», «dont».

① Je collectionne les monnaies ... ont existé en France. Tous les billets anciens ... vous pouvez trouver m'intéressent aussi. Je cherche également des documents ... je peux voir des photos de monnaies anciennes. Merci d'avance.

② Je suis à la recherche de cartes postales. Auriez-vous la gentillesse de m'envoyer celles ... vous n'avez plus l'usage, ou celles ... vous ne gardez pas ou encore celles ... sont en mauvais état. J'accepte tout. Merci.

> **정답** 다음 독자 투고난의 요약문을 완성시켜보시오. 《qui》, 《que》, 《dont》 관계대명사를 이용하시오.
> ① qui, que, où
> 나는 프랑스에서 존재했던 화폐를 수집합니다. 당신이 발견할 수 있는 모든 지폐에도 흥미를 갖고 있습니다. 옛 화폐 사진을 볼 수 있는 자료 또한 찾고 있습니다. 미리 감사드립니다.
> ② dont, que, qui
> 나는 엽서들을 찾고 있습니다. 더 이상 사용하지 않거나 간직하지 않게 되었거나 상태가 나쁜 엽서들을 제게 보내주십시오. 무엇이든 접수합니다. 감사합니다.

19 전치사

전치사는 불변화어이며 동사, 형용사, 명사와 같이 표현을 이끈다.

1 À / De

1 동사 + 《à》/《de》+ 명사
　　　　　　　　　+ 동사원형

- Elle téléphone à son ami.
  그녀는 친구에게 전화한다.

- La pluie commence à tomber.
  비가 내리기 시작한다.

- Je me souviens très bien de mon premier professeur de français.
  나는 내 첫 번째 프랑스어 선생님을 잘 기억하고 있다.

- Elle a oublié de répondre à l'invitation.
  그녀는 초대에 답하는 것을 잊었다.

2 《à》/《de》 두 전치사와 같이 하는 동사

parler à (= dire quelque chose à quelqu'un)
　　　Il parle à son ami. 그는 친구에게 말한다.
　　de (= dire quelque chose au sujet de)
　　　Il parle de son ami. Il parle de politique. 그는 자기 친구/정치에 대해 말한다.

jouer à (jeux ou sports)
　　　Il joue au football. 그는 축구를 한다.
　　de (instruments de musique)
　　　Il joue de la flûte. 그는 플룻을 연주한다.

penser à (=avoir dans l'esprit)

    Il pense à sa famille. 그는 자기 가족을 생각한다.

    de (= avoir une opinion)

    Qu'est-ce que vous pensez de la musique techno ?
    테크노 음악에 대해 어떻게 생각하세요?

■ 형용사 + 《à》 / 《de》

1 많은 형용사 다음에 de가 온다.

content 만족한, sûr 분명한, désolé 미안한, étonné 놀란

□ Jean est <u>content</u> de son voyage. 쟝은 자기 여행에 만족해 한다.
                de partir. 쟝은 떠나게 되어 만족해한다.

2 형용사 다음에 à가 오는 경우

prêt 준비된, égal 같은, inférieur 열등한, supérieur 우월한, pareil 비슷한, semblable 유사한

□ Les joueurs sont <u>prêts</u> à commencer le match.
   선수들은 경기를 할 준비가 되어 있다.

□ Aujourd'hui la température est inférieure à 0°.
   오늘 기온이 0도 이하다.

3 à, de 모두와 함께 하는 형용사

C'est / Il est / + 형용사 de	형용사 + à
• C'est facile de faire ce gâteau. 케이크 만드는 것은 쉽다.	• Voilà un gâteau facile à faire. 만들기 쉬운 케이크이다.
• Il est interdit de circuler dans cette rue. 이 길로 운행하는 것은 금지되었다.	• Cette rue est interdite à la circulation. 이 길은 운행이 금지되었다.

■ 《à》 / 《de》와 함께 하는 명사

La bicyclette de Marie. 마리의 자전거
Une carte d'Europe. 유럽지도
Un sac à main. 핸드백
Du rouge à lèvres. 루즈

2 시간과 공간의 위치 정하기

■ 시간에서

- Le train partira à 16h.
  열차는 오후 4시에 떠날 것이다.

- Nous sommes en hiver.
  지금은 겨울이다.

■ 공간에서

- Paul est à la maison.
  뽈은 집에 있다.

- Virginie va à la poste.
  비르지니는 우체국에 간다.

- Nous sommes au café.
  우리는 까페에 있다.

  주의 Il y a un film sur la télévision. (×)
  Il y a un film à la télévision. (○)
  TV에서 영화를 한다.

1 《de》는 '〜어디로 부터'

- Elle sort de l'hôtel.
  그녀는 호텔에서 나온다.

- Paolo vient de Milan.
  빠올로는 밀라노 출신이다.

- Les touristes sortent du musée.
  관광객들이 박물관에서 나온다.

2 지명 앞의 전치사

- Mes parents habitent à Bordeaux.
  부모님은 보르도에 산다.

- Nous allons à Marseille.
  우리는 마르세유에 간다.

□ Elle arrive d'Athènes.
그녀는 아테네에 도착한다.

□ L'avion décollera de Berlin à midi.
비행기는 정오에 베를린을 이륙할 것이다.

 [~에, ~로]

《à》+ 지명
J'irai à la pharmacie.
나는 약국에 가겠다.

《chez》+ 사람
J'irai chez le pharmacien.
나는 약국에 가겠다.

지명(地名)과 함께

~있는, ~로 가는		
《en》+ 여성 지명	《au》+ 남성 지명	복수형 지명
• Je vais en Espagne. 나는 스페인에 간다.	• Je vais au Canada. 나는 캐나다에 간다.	• Je vais aux États-Unis. 나는 미국에 간다.
• Il est en Chine. 그는 중국에 있다.	• Il est au Portugal. 그는 포르투갈에 있다.	• Je vais aux Pays-Bas. 나는 네덜란드에 간다.
• Nous allons en Normandie. 우리는 노르망디로 간다.	• Nous allons au Québec. 우리는 퀘벡에 간다.	
~로부터 오는		
《de》+ 여성 지명	《du》+ 남성 지명	복수형 지명
• Je viens d'Espagne. 나는 스페인에서 온다.	• Je viens du Canada. 나는 캐나다에서 온다.	• Je vais des États-Unis. 나는 미국에 간다.
• Il vient de Chine. 그는 중국에서 온다.	• Il vient du Québec. 그는 퀘벡에서 온다.	• Je vais des Pays-Bas. 나는 네덜란드에 간다.
• Nous venons de Normandie. 우리는 노르망디에서 온다.	• Nous venons du Portugal. 우리는 포르쿠갈에서 온다.	

《e》로 끝난 국가 이름은 여성이지만 다음과 같은 예외도 있다.

le Mexique 멕시코, le Mozambique 모잠비크, le Cambodge 캄보디아

남성인 지방 이름에는 《dans le》를 사용한다.

□ J'ai passé les vacances de Noël dans le Midi.
나는 크리스마스 휴가를 남불 지방에서 보냈다.

□ Mes parents ont un chalet dans le Jura.
부모님은 쥐라에 산장을 갖고 있다.

> **주의** 남성이지만 모음으로 시작하는 국가 이름은 en, d'를 쓴다.
> **en Iran / d'Iran** 이란에서, 이란으로부터
> **en Israël / d'Israël** 이스라엘에서, 이스라엘로부터
> **en Irak / d'Irak** 이라크에서, 이라크로부터
> **en Afghanistan / d'Afghanistan** 아프가니스탄에서, 아프가니스탄으로부터

3 다른 장소의 전치사

dans ~안에   chez ~집에   sur ~위에   sous ~아래에   vers ~를 향하여, ~쯤
par ~통하여   jusqu'à ~까지   près de ~가까이에   loin de ~에서 먼
à côté de ~옆에   en face de ~정면에   devant ~앞에   derrière ~뒤에
entre ~사이에   au milieu de ~가운데에   le long de ~를 따라서

- Où sont tes clés? Elles sont dans mon sac.
  네 열쇠 어디있지? 내 가방 안에 있다.

- Nous avons marché le long de la mer.
  우리는 바다를 따라 걸었다.

- Je peux marcher jusqu'au métro avec toi.
  나는 너와 같이 지하철까지 걸어갈 수 있다.

- Il y a une poste près de chez moi.
  우리집 가까이에 우체국이 있다.

- Il aime rester chez lui le dimanche.
  (chez quelqu'un = dans la maison de quelqu'un)
  그는 일요일에 집에 있기를 좋아한다.

> **주의** Je viens de l'Espagne. (×)
> Je viens d'Espagne. (○) 나는 스페인에서 온다.
>
> Je vais à ma maison. (×)
> Je vais à la maison. (○)
> Je vais chez moi. (○) 나는 집에 간다.

연습문제

1 Imitez l'exemple.
Ex. La Suisse ➜ Je vais en Suisse. / Je viens de Suisse.
Le Brésil ➜ Je vais au Brésil. / Je viens du Brésil.

① La Russie.
② L'Argentine.
③ Le Pérou.
④ Le Maroc.
⑤ La Grèce.

> **정답** [보기]를 따라해보시오.
> [보기] 나는 스위스/브라질에 간다. 스위스/브라질에서 온다.
> ① Je vais en Russie./Je viens de Russie. 러시아
> ② Je vais en Argentine./Je viens d'Argentine. 아르헨티나
> ③ Je vais au Pérou./Je viens du Pérou. 페루
> ④ Je vais au Maroc./Je viens du Maroc. 모로코
> ⑤ Je vais en Grèce./Je viens de Grèce. 그리스

3 다른 전치사들

- Je suis allé au cinéma avec des copains.
  나는 친구들과 같이 영화관에 갔다.

- Je bois toujours mon café sans sucre.
  나는 늘 설탕 없이 커피를 마신다.

- Tous mes amis sont venus sauf Alex qui était malade.
  아픈 알렉스를 제외하고 친구들이 모두 왔다.

- Qu'est-ce que tu prends comme dessert?
  디저트로는 뭘 먹니?

1 여러 용법의 전치사들

à :

- Viens me voir à 8h.
  8시에 나 보러 와라.

- Ils ont un chalet à la montagne.
  그들은 산에 산장을 갖고 있다.

- Je cherche un studio à louer.
  나는 임대하는 원룸을 찾고 있다.

- N'oublie pas ta brosse à dents.
  칫솔 잊지 마라.

- Je vais au bureau à pied.
  나는 사무실에 걸어간다.

- Ce livre est à moi.
  이 책은 내 것이다.

de :

- Le poids du bébé est de 4 kilos.
  아기 몸무게는 4킬로다.

- Nous habitons un appartement de trois pièces.
  우리는 방 세 개인 아파트에 산다.

- Elle a acheté un paquet de biscuits.
  그녀는 비스켓 한 박스를 샀다.

- Il vient de Suisse.
  그는 스위스 출신이다.

- J'ai acheté une veste de cuir.
  나는 가죽 자켓을 샀다.

en :

- Nous sommes en vacances.
  우리는 휴가 중이다.

- Il fait chaud en été.
  여름에 덥다.

- J'irai à Rome en train et non pas en voiture.
  나는 로마에 승용차가 아니라 기차타고 갈 것이다.

- Elle est toujours en pantalon.
  그녀는 항상 바지 차림이다.

- Ils vivent en Angletterre.
  그들은 영국에 살고 있다.

- C'est un foulard en soie.
  실크 스카프다.

- Il a fait le trajet Lyon-Marseille en trois heures.
  그는 리용-마르세유를 세 시간 만에 갔다.

par :

- Par qui a été construite la pyramide du Louvre ?
  루브르 피라미드는 누가 만들었나요?

- Il fait de la gymnastique deux fois par semaine.
  그는 한 주일에 두 번 운동을 한다.

- On est allé en Italie en passant par la Suisse.
  우리는 스위스를 경유해서 이탈리아에 갔다.

pour :

- Pour qui est ce cadeau ? Pour toi, bien sûr.
  이 선물 누구를 위한 거니? 물론 네 것이다.

- Nous partons dimanche pour les Baléares.
  우리는 일요일에 발레아르(스페인)로 떠난다.

- La bibliothèque est fermée pour travaux.
  도서관은 공사 때문에 폐쇄되었다.

- Il a voté pour le parti libéral.
  그는 자유당을 지지하는 투표를 했다.

- J'ai fait du ski pour la première fois à l'âge de cinq ans.
  나는 다섯 살 때 처음 스키를 탔다.

vers :

- Nous partirons vers midi.
  우리는 정오 쯤 떠날 것이다.

- Le bateau se dirige vers le port.
  배는 항구를 향해 간다.

dans :

- Les enveloppes sont dans le tiroir du bureau.
  봉투는 책상 서랍 안에 있다.

- Le médecin arrivera dans une demi-heure.
  의사는 30분 있으면 온다.

> **주의** Une tasse à café 찻잔, 커피용 잔 (= elle sert pour le café)
> Une tasse de café 한 잔의 커피 (= elle est pleine de café)
>
> Je suis passé pour la rue Vavin. (×)
> Je suis passé par la rue Vavin. (○)
> 나는 바뱅 가(街)를 지나왔다.
>
> Je me suis promené pour la ville. (×)
> Je me suis promené sur la rue Vavin. (×)
>
> Je me suis promené dans la ville. (○)
> Je me suis promené dans la rue Vavin. (○)
> 나는 바뱅 가(街)를 산책했다.

1 《à》와 《de》는 명사 앞에서 반복한다.

- Je vais écrire à ma mère et à mon ami Paul.
  나는 어머니와 친구 뽈에게 편지쓸 것이다.

- Nous avons repeint les chambres de Jean et de Pierre.
  우리는 장과 삐에르의 방을 다시 칠했다.

2 질문에 대한 답에서 전치사는 반복해야 한다.

- À quelle heure le train arrivera-t-il? À 8h 30.
  몇 시에 열차는 도착하나요? 8시30분에.

- À quoi sert cet appareil? À faire des jus de fruit.
  이 기계는 무엇에 쓰이지? 과일 주스 만드는 데 쓰인다.

- De quoi parlez-vous? De la situation internationale.
  무엇에 대해 말씀하시나요? 국제정세에 대해 말합니다.

연습문제

2 Complétez par une des prépositions suivantes.
  a. «à, entre, dans»
  ① Il y a de belles statues ... cette église.
  ② Barbara est assise ... John et Lucia.
  ③ Je dois aller chercher mon ami ... l'aéroport.

  b. «par, à, chez, devant»
  ① Va acheter du pain ... la boulangerie.
  ② J'irai ... le coiffeur demain.
  ③ J'ai rencontré un ami ... l'université.

  정답 다음 전치사로 완성시켜보시오.
  a.
  ① dans 이 교회에는 멋진 동상들이 있다.
  ② entre 바르바라는 존과 뤼씨 사이에 앉아 있다.
  ③ à 나는 공항으로 친구를 찾으러 가야 한다.
  b.
  ① à 빵집에 빵 사러 가라.
  ② chez 나는 내일 미장원에 갈 것이다.
  ③ devant 나는 대학교 앞에서 친구를 만났다.

3 Complétez par la préposition qui convient: «pour, à cause de, près de, autour de, avec, en, dans».
  ① Je voudrais une table ... quatre personnes.
  ② Je vais tous les jours à mon cours ... métro.
  ③ Je n'arrive pas à dormir ... le bruit.

> **정답** 알맞은 전치사로 완성시켜 보시오.
> ① pour 4인용 탁자 찾습니다.
> ② en 나는 매일 수업에 지하철로 간다.
> ③ à cause du 나는 소음 때문에 잠을 못자고 있다.

4 Complétez les phrases par les verbes suivants au présent:
  a. «être content de, avoir besoin de, apprendre à, penser à»
   ① Est-ce que tu … ce dictionnaire ?
   ② Quand on est loin de chez soi, on … sa famille.
   ③ Dans mon pays, on … lire à 6 ans.

  b. «écrire à, parler de, commencer à, finir de»
   ① Nous … dîner et nous allons au cinéma après.
   ② Rita … bien parler français.
   ③ Toutes les semaines, il … parents.

> **정답** 다음 동사의 현재형으로 문장을 완성시키시오.
> a.
> ① tu as besoin de 너 이 사전 필요하니?
> ② on pense à 집에서 멀리 있을 때 가족을 생각한다.
> ③ on apprend à 우리나라에서는 6세에 읽기를 배운다.
> b.
> ① Nous finissons de 우리는 식사를 끝내고 영화관에 간다.
> ② Rita commence à 리타는 프랑스어를 잘 하기 시작한다.
> ③ il écrit à ses parents 매주 그는 부모님께 편지를 쓴다.

5 Cochez la réponse correcte.
   ① Ma chambre est au / sur troisième étage.
   ② On passe souvent de vieux films sur / à la télévision.
   ③ J'ai oublié mon parapluie sur / dans le train.

> **정답** 정답에 표시하시오.
> ① au 내 방은 4층(한국식)이다.
> ② à TV에서 자주 오래된 영화를 방영한다.
> ③ dans 나는 기차에 우산을 놓고 왔다.

DELF B1

6 Complétez le texte avec les prépositions qui conviennent: «à, de, avec, pour après, en, par, dans».

Stéphanie s'arrête … travailler la nuit.
Depuis trois ans, Stéphanie travaille de nuit … une entreprise, … 21 heures … 5 heures du matin … septembre, elle va reprendre un rythme normal .. travail. Pourtant, Stéphanie avait commencé … travailler volontairement la nuit … deux autres filles … son usine. Elle gagnait 230 euros … plus … mois. Mais Stéphanie a dû apprendre … moins dormir, … exemple, … continuer … avoir une vie … la sortie … l'usine. Stéphanie a décidé …

demander son changement ... horaire à cause ... la fatigue. Elle veut aussi s'occuper davantage ... sa fille. Elle va reprendre le travail ... équipe ... 13 heures ... 20 heures 30. Elle aura plus ... temps.

> **정답** 알맞은 전치사로 텍스트를 완성시켜보시오.
>
> de, dans, de, à, En, de, à, avec, de, de, par, à, par, pour, à, après, de, de, d' ,de, de, en, de, à, de.
>
> 스떼파니는 야간근무를 그만두었다.
> 3년 전부터 스떼파니는 어느 기업에서 저녁 9시부터 새벽5시까지 야간근무를 해왔는데 9월에 정상적인 리듬을 되찾을 것이다. 그러나 스떼파니는 그 공장의 두 아가씨와 함께 자발적으로 일을 시작했었다. 한 달에 230 유로 이상 벌었다. 그러나 그녀는 예컨대 공장을 나서고 나서도 삶을 계속 영위하기 위해 잠을 적게 자는 것을 익혀야했다. 피로 때문에 근무 일정을 바꿔야했다. 그리고 그녀의 딸을 더 돌봐야했다. 오후 1시부터 8시30분까지 일하는 팀에서 일을 다시 하게 되었다. 그녀는 더 많은 시간을 갖게 된다.

20 원인과 결과

1 원인

■ 《pourquoi》로 묻는 질문에 답하는 표현이다

1 《Parce que》 + 직설법 동사

- Julien est en retard. Pourquoi?
  Parce que son réveil n'a pas sonné.
  쥴리앙은 지각했다. 왜? 그의 자명종이 울리지 않았기 때문이다.

- Le taxi a refusé de nous prendre parce que nous avions un chien.
  개를 데리고 있어서 택시는 우리 태우기를 거부했다.

2 《À cause de》 + 명사/대명사

'~ 때문에' 대개 부정적인 생각을 반영한다.

- Hier, on circulait mal. Pourquoi? À cause de la neige.
  어제 차량운행이 힘들었다. 왜? 눈 때문이었다.

- J'ai mal dormi à cause du bruit de la rue.
  나는 길의 소음 때문에 잠을 못 잤다.

- Dépêche-toi! on va rater le train à cause de toi.
  서둘러라, 너 때문에 차를 놓치겠다.

3 《grâce à》 + 명사/대명사

'~덕택에' 긍정적인 생각을 반영한다.

- Au XXe siècle, la vie a complètement changé grâce à l'électricité.
  20세기에 전기 덕택에 삶이 완전히 바뀌었다.

- Merci de votre aide. Grâce à vous, j'ai trouvé un travail rapidement.
  당신의 도움에 감사드립니다. 당신 덕택에 나는 빨리 일을 찾을 수 있었습니다.

> **주의** J'ai fermé la fenêtre à cause d'avoir froid. (×)
> J'ai fermé la fenêtre à cause de j'ai froid. (×)
>
> J'ai fermé la fenêtre <u>à cause du</u> froid. (○)
> J'ai fermé la fenêtre <u>parce que</u> j'ai froid. (○)
> 나는 추워서 창문을 닫았다.

■ 원인을 나타내는 표현들

1 《puisque》 + 직설법 동사

말하는 사람과 듣는 사람에게 원인과 결과의 관계가 분명할 때 사용한다.

- <u>Puisque</u> tu <u>es italien</u>, tu as un passeport européen.
  (원인 cause)　　　　　　　　(결과 conséquence)
  너는 이탈리아인이니까 유럽 여권을 갖는다.

- <u>Puisque</u> les avions <u>étaient complets</u>, nos avons pris le train.
  비행기는 만원이었기 때문에 우리는 기차를 탔다.

2 《car》

특히 문어체에 사용되며 결과와 원인 사이에 놓인다.

- Les gens du Nord vont souvent dans les pays méditerranéens car il n'y
  　　　　　　　　　(conséquence)　　　　　　　　　　　　　　(cause)

  a pas beaucoup de soleil chez eux en hiver.
  북유럽 사람들은 겨울에 햇볕이 별로 없어서 지중해 국가로 자주 간다.

연습문제

1. Imitez le modèle.
   Ex. Il a pris de l'aspirine. Pourquoi? (avoir mal à la tête)
   → Il a pris de l'aspirine parce qu'il avait mal à la tête.

   ① Elle a ouvert la fenêtre. Pourquoi? (avoir trop chaud)
   ② En France, on ne travaille pas le 14 juillet. Pourquoi? (célébrer la fête nationale)
   ③ Nous allons faire cuire des oeufs durs. Pourquoi? (vouloir préparer une salade niçoise)

   정답 [보기]를 따라해 보시오.
   [보기] 그는 머리가 아파서 아스피린을 복용했다.
   ① Parce qu'elle avait trop chaud 그녀는 너무 더웠기 때문에
   ② Parce qu'on célèbre la fête nationale 국경일을 축하하기 때문에
   ③ Parce que je veux préparer une salade niçoise. 니스 스타일 샐러드를 만들고 싶어서

2. Complétez les phrases avec «parce que, à cause de» ou «grâce à».
   ① La voiture a dérapé ... elle allait trop vite.
   　- La voiture a dérapé ... la pluie.

② Beaucoup de branches sont tombées ... une violente tempête.
  - Beaucoup de branches sont tombées ... il y a eu une violente tempête.
③ Le médecin peut être joint à n'importe quelle heure ... son portable.
  - Le médecin peut être joint à n'importe quelle heure ... il a toujours son portable sur lui.

정답 《parce que, à cause de》 또는 《grâce à》로 문장을 완성시켜보시오.
① parce qu'elle, à cause de 차는 과속해서/비 때문에 미끄러졌다.
② à cause d', parce qu'il 험한 폭풍우 때문에 가지들이 떨어졌다.
③ grâce à, parce qu'il 휴대폰 덕택에 의사는 언제든지 합류할 수 있다.

2 결과

1 원인과 결과 사이에 사용하는 연결어 (그러니까, 그래서)

2 donc 그래서

□ Dominique est malade, donc elle reste chez elle.
  (원인 cause)   (결과 conséquence)
  도미니끄는 아프다. 그래서 그녀는 집에 있다.

□ Le Président de la République est mort, donc il y aura des élections en mai prochain.
  대통령의 별세로 오는 5월 선거가 있게 되었다.

주의 donc의 《c》는 발음된다. [k]
《donc》는 동사 다음에 놓일 수도 있다.
... il y aura donc des élections en mai prochain.

3 alors 그러니까, 그래서

□ Vous avez 18 ans, alors vous pouvez passer votre permis de condure.
  당신은 18세다. 그러니까 당신은 운전면허를 가질 수 있다.

□ Philippe a réussi son bac, alors on va boire du champagne!
  필립이 대학입학 자격시험을 통과해서 모두 샴페인을 마실 것이다.

4 c'est pour ça que 그래서

□ Je me suis trompé d'adresse. C'est pour ça que ma lettre n'est pas arrivée.
  내가 주소를 잘 못 썼다. 그래서 편지가 도착하지 않았다.

- En Normandie, il pleut beaucoup. C'est pour ça que l'herbe est très verte!
  노르망디에는 비가 많이 온다. 그래서 풀들이 매우 녹색이다.

5 tellement ... que / si ... que : 너무 ~해서

강도나 수량을 강조할 때 사용한다.

6 《si / tellement》 + 형용사 / 부사 : 너무 ~해서

- Le bruit dans la discothèque était très fort. On ne pouvait pas discuter.
  → Le bruit dans la discothèque était si <u>fort</u> qu'on ne pouvait pas discuter.
  디스코테크의 소음이 너무 커서 사람들은 토론할 수 없었다.

- Ma soeur habite très loin. Nous ne nous voyons pas souvent.
  → Ma soeur habite tellement <u>loin</u> que nous ne nous voyons pas souvent.
  내 누이는 너무 멀리 살아서 우리는 자주 볼 수 없다.

7 《tellement de》 + 명사 + que : 너무 많은 양의 ~

- Il y a beaucoup de papiers dans le tiroir, Je ne peux pas le fermer.
  → Il y a tellement de <u>papiers</u> dans le tiroir que je ne peux pas le fermer
  서랍에 서류가 너무 많아서 나는 닫을 수 없다.

- Il a tellement d'argent qu'il peut acheter tout ce qu'il veut.
  그는 돈이 너무 많아서 원하는 것을 모두 살 수 있다.

8 동사 + tellement + que : 너무 ~해서

- En ce moment, André travaille beaucoup et il ne voit plus ses amis.
  → En ce moment, André <u>travaille</u> tellement qu'il ne voit plus ses amis.
  요즘 앙드레는 일을 너무 해서 친구들을 보지 못 한다.

- Éric <u>admire</u> tellement Elton John qu'il sait tout sur ce chanteur.
  에릭은 엘튼 존을 너무 동경해서 이 가수에 대한 모든 것을 알고 있다.

주의 복합시제에서 《tellement》은 조동사와 과거분사 사이에 놓인다.
Elle <u>a</u> tellement <u>dansé</u> qu'elle est morte de fatigue.
그녀는 너무 춤을 춰서 피곤해 죽을 지경이다.

> 연습문제

3 Reliez les phrases selon les indications données.
　Ex. Il y avait beaucoup de monde dans l'autobus. On était serrés comme des sardines! (tellement de ... que)
　→ Il y avait tellement de monde dans l'autobus qu'on était serrés comme des sardines!

　① Cet enfant a beaucoup de jouets. On ne peut pas entrer dans sa chambre! (tellement de ... que)
　② La maison est vieille. Il faut tout réparer. (si ... que)
　③ Il riait beaucoup. Il était tout rouge. (tellement ... que)

　정답 지시대로 문장을 연결해보시오.
　　[보기] 버스에 사람이 너무 많아서 정어리 통조림처럼 서로 조여졌다.
　　① Cet enfant a tellement de jouets qu'on ne peut pas.
　　　이 어린이는 장난감이 너무 많아서 사람들은 들어갈 수 없다.
　　② La maison est si vieille qu'il faut tout réparer.
　　　집이 너무 낡아서 전부 수리해야 한다.
　　③ Il riait tellement qu'il était tout rouge.
　　　그는 너무 웃어서 얼굴이 아주 빨개졌다.

4 Reliez les phrases selon les indications données.
　Ex. Elle ne voit pas de loin. Elle porte des lunettes. (parce que)
　→ Elle porte des lunettes parce qu'elle ne voit pas de loin.

　① Le film était ennuyeux. Je me suis endormi devant la télé. (si ... que)
　② Ce disque a beaucoup de succès. Tous les jeunes veulent l'acheter. (tellement ... que)
　③ J'avais 30€, j'ai payé un DVD 24€. Il me reste 6 euros. (donc)

　정답 지시대로 문장을 연결시켜보시오.
　　[보기] 그녀는 멀리 보지 못해서 안경을 낀다.
　　① Le film était si ennuyeux que je me suis endormi devant la télé.
　　　영화가 너무 지루해서 TV앞에서 잠들었다.
　　② Ce disque a tellement de succès que tous les jeunes veulent l'acheter.
　　　이 음반은 너무 성공을 거두어 모든 젊은이들이 사고 싶어한다.
　　③ Il me reste donc 6 euros.
　　　내게 30유로 있었는데 DVD를 24유로 내며 사고 6유로로 남았다.

5 Transformez les phrases en imitant le modèle.
　Ex. Je suis monté à pied parce que l'ascenseur était en panne,
　→ L'ascenseur était en panne, donc je suis monté à pied.

　① Patrick ne peut pas entrer dans un casino parce qu'il n'a pas encore 18 ans.
　② Élisa ne mange jamais de viande parce qu'elle est végétarienne.
　③ Le patron du café a sorti les chaises et les tables dehors parce qu'il fait beau.

　정답 [보기]를 따라 문장을 변형시켜보시오.
　　[보기] 승강기가 고장이라 걸어서 올라갔다.
　　① Il n'a pas encore 18 ans, donc il ne peut pas entrer dans un casino.
　　　그는 18세 미만이라 카지노에 들어갈 수 없었다.

② Élisa est végétarienne, donc elle ne mange jamais de viande.
  엘리자는 채식주의자라서 고기를 먹는 일이 없다.
③ Il fait beau, donc le patron du café a sorti les chaises.
  날씨가 좋아서 까페 주인은 의자를 밖으로 내놓았다.

DELF B1

6 Reliez les titres de journaux suivants entre eux.

Causes
1. Succès de l'exposition
2. Chance au jeu
3. Tempête
4. Rentrée des classes
5. Froid
6. Rivière polluée à Azay

Conséquences
A. Un jeune pompier gagne une voiture
B. Achetez un nouveau cartable
C. Rentrez vos plantes délicates
D. Baignade interdite
E. Un habitant de Louviers a été blessé
F. Un million de visiteurs

정답 1. F 2. A 3. E 4. B 5. C 6. D

7 Exprimez ces informations par des phrases complètes. Utilisez : «parce que, à cause de, grâce à, si ... que, tellement ... que, c'est pour ça que».
Exemple : L'exposition a eu tellement de succès qu'il y a eu un million de visiteurs.

정답 완전한 문장으로 정보를 나타내보시오.
  [보기] 전시회는 너무 성공을 거두어 100만명의 방문객이 있었다.

La baignade est interdite parce que la rivière est polluée.
강물이 오염되어 수영이 금지되었다.

À cause de la tempête, un habitant de Louviers a été blessé.
폭풍우 때문에 루비에의 농부가 다쳤다.

Un jeune pompier a gagné une voiture grâce à sa chance au jeu.
게임 운 덕택에 젊은 소방수가 승용차를 상으로 탔다.

Il fait si froid qu'il faut rentrer vos plantes délicates.
날씨가 너무 더워서 섬세한 식물은 안으로 들여놓아야한다.

C'est la rentrée des classes, c'est pour ça qu'il faut acheter un nouveau cartable !
개학이라서 새 책가방을 사야한다.

21 목적, 대립, 조건

1 목적

《pour》는 목적, 의도를 나타낸다.

1 《pour》 + 동사원형

- On a besoin d'un permis spécial pour <u>conduire</u> un camion.
  트럭을 운전하기 위해서는 특별한 면허가 필요하다.

- Les gens font du sport pour <u>être</u> en forme.
  사람들은 건강하기 위해 운동을 한다.

- Prenez l'autobus pour <u>aller</u> au centre ville.
  도심으로 가려면 버스를 타세요.

2 《pour que》 + 접속법 동사

- Approchez-vous pour que je <u>prenne</u> une photo de tout le groupe.
  내가 그룹 전체 사진을 찍을 수 있도록 서로 좁히세요.

- Les magasins seront ouverts dimanche pour que les gens <u>puissent</u> faire leurs achats de Noël.
  가게들은 사람들이 크리스마스 용품을 살 수 있도록 일요일에도 열 것이다.

3 《pour》 + 명사/대명사

- Pour l'examen, il faut s'inscrire avant le 15 mai.
  시험을 보려면 5월 15일 전에 등록해야 한다.

- Quelqu'un a laissé ces documents pour toi.
  누가 네게 주라고 이 서류들 놓고 갔다.

> **주의** Elle mange peu pour ne grossir pas. (×)
> Elle mange peu pour ne pas grossir. (○)
> 그녀는 살찌지 않으려고 거의 먹지 않는다.

《pour》: 문장의 두 동사는 같은 주어를 가져야 사용할 수 있다.

☐ Je partirai tôt. J'arriverai à l'heure.
→ Je partirai tôt pour arriver à l'heure.
나는 제 시간에 도착하려고 일찍 떠날 것이다.

《pour que》: 문장의 두 동사는 다른 주어를 가져야 한다.

☐ Je partirai tôt. Pierre ne m'attendra pas.
→ Je partirai tôt pour que Pierre ne m'attende pas.
나는 삐에르가 기다리지 않도록 일찍 떠날 것이다.

연습문제

1 Imitez le modèle.

Ex. Téléphonez au moins une semaine à l'avance. Vous confirmerez votre réservation.
→ Téléphonez au moins une semaine à l'avance pour confirmer votre réservation.

① Il est 2 heures du matin. Je vais prendre un taxi. Je vais rentrer chez moi.
② On fait des recherches. On trouvera un vaccin contre cette maladie.
③ Attendez le signal sonore. Enregistrez votre message.

정답 [보기]를 따라 해보시오.
[보기] 적어도 1주일 전에 전화하세요. 당신 예약을 확인하게 될 것입니다.
→ 예약을 확인하려면 적어도 1주일 전에 전화하세요.
① Je vais prendre un taxi pour rentrer chez moi.
나는 집에 돌아가려고 택시를 잡을 것이다.
② On fait des recherches pour trouver un vaccin contre cette maladie.
이 질병에 대한 백신을 찾는 연구를 하고 있다.
③ Attendez le signal sonore pour enregistrer votre message.
"삐" 소리가 난후 메시지를 녹음하세요.

2 Mettez le verbe au subjonctif présent.

Ex. Dans cette salle, il y a des micros partout pour qu'on (entendre) bien.
→ Dans cette salle, il y a des micros partout pour qu'on entende bien.

① Ricardo téléphone régulièrement à ses parents pour qu'ils (savoir) que tout va bien.
② Apportez d'autres chaises pour que tout le monde (pouvoir) s'asseoir.
③ Grand-père m'a donné de l'argent pour que je me (acheter) des jeux-video.

정답 동사를 접속법으로 써보시오.
[보기] 이 방에는 사람들이 잘 들을 수 있도록 여기저기 마이크가 있다.
① sachent 리카르도는 부모님이 모든 일이 잘 된다고 알도록 주기적으로 전화한다.
② puisse 모든 사람이 앉을 수 있도록 다른 의자들 갖고 오세요.
③ je m'achète 할아버지는 내가 비디오 게임을 살 수 있도록 돈을 주었다.

2 대립

1 mais 그러나

《mais》는 '차이'나 '대립'을 나타낸다.

- Anne est blonde, mais sa soeur est brune. (= 차이 différence)
  안느는 금발이지만 그의 자매는 갈색머리다.

- Je voudrais acheter ce livre, mais il est trop cher. (= 대립 opposition)
  나는 이 책을 사고 싶지만 너무 비싸다.

2 mais ... quand même / quand même 그럼에도 불구하고

두 사실이 대립관계일 때 사용한다.

- Ce livre était difficile à lire, mais je l'ai quand même lu en entier.
  Ce livre était difficile à lire ; je l'ai quand même lu en entier !
  이 책은 어려웠지만 나는 전부 읽었다.

《quand même》은 항상 동사 뒤에 놓인다.

- Il pleut, quand même on va se promener. (×)
  Il pleut, on va quand même se promener. (○)
  Il pleut, on va se promener quand même. (○)
  비가 오지만 우리는 산책할 것이다.

3 pourtant 하지만

이때도 두 사실은 대립관계이다.

- Il n'est pas fatigué, pourtant il s'est couché à 5h du matin.
  그는 피곤했지만 새벽 5시에 잠자리에 들었다.

- Eve est très mince, pourtant elle mange comme quatre!
  에브는 아주 말랐지만 4인분을 먹는 듯한 대식가다.

pourtant은 흔히 앞에 《et》가 붙는다.

- J'ai bien dormi et pourtant j'ai encore sommeil!
  나는 잘 잤지만 아직도 졸리다.

4 malgré + 명사 : ~에도 불구하고

《malgré》는 문장의 나머지 부분과 대립되는 내용의 명사를 이끈다.

- La course cycliste continue malgré la pluie.
  싸이클 대회는 비에도 불구하고 계속된다.

- Malgré son mauvais caractère, mon frère a beacoup d'amis.
  나쁜 성격에도 불구하고 내 형제는 많은 친구를 갖고 있다.

5 bien que + 접속법 동사 : 비록 ~지만

《bien que》는 대립의 종속절을 이끈다.

- Bien qu'il fasse froid, nous n'avons pas encore allumé le chauffage.
  날씨가 춥지만 우리는 아직 난방을 가동하지 않았다.

- Elle a un poste très important dans son entreprise bien qu'elle n'ait que trente ans.
  그녀는 30세에 불과하지만 기업에서 중요한 지위를 차지하고 있다.

연습문제

3 Complétez les pharases par «mais» ou «malgré».
① Elle est très enrhumée, ... elle continue quand même à aller au bureau.
  - Elle continue à aller au bureau ... son rhume.
② Il a beaucoup de travail, ... il sort quand même tous les soirs.
  - ... son travail, il sort tous les soirs.
③ Ils ont déjà cinq enfants, ... ils en veulent quand même d'autres!

정답 《mais》 또는 《malgré》로 문장을 완성시켜보시오.
① mais, malgré 그녀는 심하게 감기에 걸렸지만 계속 출근한다.
② mais, Malgré 그는 일이 많지만 매일 저녁 외출한다.
③ mais 그들은 이미 자식이 다섯이지만 더 많은 자식을 원하고 있다.

4 Complétez les phrases.
Ex. Le bateau a quitté le port malgré ... .
→ Le bateau a quitté le port malgré la tempête qui approche.
① Elle prend des leçons de chant depuis deux ans mais ... .
② Malgré ..., nous sommes arrivés à l'heure.
③ Nous n'avons pas beaucoup d'argent mais ... quand même.

정답 문장을 완성시켜보시오.
[보기] 폭풍우가 다가오지만 배는 항구를 떠났다.
① Elle ne sait toujours pas chanter.
  그녀는 2년 전 부터 노래 수업을 받지만 아직 노래할 줄 모른다.
② les embouteillages 교통체증에도 불구하고 우리는 제 시간에 도착했다.
③ nous sortons 우리는 돈이 별로 없지만 놀러 나간다.

3 조건

조건을 나타내는 문장에서 법과 시제는 의미에 따라 달라진다. 종속절은 si가 이끌고, 이 절은 직설법을 쓴다.

■ 가능성의 표현

1 《si》 + 현재 (종속절), 미래(주절)

- Si j'<u>ai</u> le temps demain, j'<u>irai</u> avec toi au Salon de l'Auto.
  내일 시간이 나면, 너와 같이 자동차 전람회에 갈게.

- <u>Nous irons</u> faire du ski en avril s'<u>il y a</u> assez de neige.
  눈이 충분히 있다면 우리는 4월에 스키 타러 갈 것이다.

2 《si》 + 현재, 명령형

이 때 명령형은 미래의 가치를 갖는다.

- Si tu <u>as</u> le temps, <u>viens</u> avec moi au Salon de l'Auto.
  시간 있으면 나와 같이 자동차 전람회에 가자.

- Si vous ne <u>comprenez</u> pas, <u>posez</u> des questions!
  이해가 안 되면 질문하세요.

> **주의** 1. si il(s) (×)
>   s'il(s) (○)
>   s'elle(s) (×)
>   si elle(s) (○)
>
> 2. 《si》 다음에 미래나 조건법을 쓰는 일은 없다.
>   S'il y aura de la neige ... (×)
>   S'il y a de la neige ... (○)
>   눈이 오면
>
>   Si j'aurais le temps ... (×)
>   Si j'ai le temps ... (○)
>   내가 시간이 있으면

■ 문장이 가정을 나타낼 때

1 《si》+ 반과거 (종속절), 조건법 현재 (주절)

- Si j'<u>avais</u> le temps, j'<u>irais</u> avec toi au Salon de l'Auto.
  시간이 난다면 너와 같이 자동차 전람회에 갈 것이다.
  (mais je ne peux pas y aller parce que je n'ai pas le temps)

- Nous irions voir nos enfants en Australie si le voyage était moins cher.
  여비가 조금 싸다면 우리는 자식들을 보러 호주에 갈 것이다.
  (mais nous n'irons pas parce que c'est trop cher)

과거에 대한 후회, 가정을 나타낼 때

1 《si》 + 대과거 (종속절), 조건법 과거 (주절)

조건의 내용이 실현되지 않았을 때

- Si j'avais eu ma caméra, j'aurais filmé l'arrivée de la course.
  카메라가 있었다면 경주의 도착장면을 촬영했을 것이다.
  (malheureusement je n'ai pas filmé parce que je n'avais pas ma caméra)

- Si j'avais eu le temps, je serais allé au Salon de l'Auto.
  시간이 있었다면, 나는 자동차 전람회에 갔었을 것이다.
  (malheureusement je n'ai pas eu le temps)

습관을 나타내는 문장에서

1 《si》 + 현재 (종속절), 현재 (주절)

- Si nous partons en vacances, nous laissons toujours la clé chez le gardien.
  우리는 떠날 때 마다 열쇠를 경비원에게 맡긴다.
  (si = 《chaque fois que》 또는 《quand》)

2 습관과 가능성 비교

- S'il fait beau, nous prenons le café sur la terrasse.
  (습관 habitude)
  날씨가 좋으면 우리는 노천까페에서 커피를 마신다.

- S'il fait beau, nous prendrons le café sur la terrasse.
  (가능성 possibilité)
  날씨가 좋으면 우리는 노천까페에서 커피를 마실 수도 있다.

sinon 그렇지 않다면

조건이 부정적일 때, 반복을 피하고자 사용한다.

- Si j'ai le temps, je passerai te voir ce soir si je n'ai pas le temps, je passerai demain.
  → Si j'ai le temps, je passerai te voir ce soir sinon je passerai demain.
  내가 시간이 되면 오늘 저녁에 너를 보러 가고 그렇지 않다면 내일 가겠다.

- Mettez des lunettes de soleil, sinon vous aurez mal aux yeux!
  (sinon = si vous ne mettez pas de lunettes)
  선글래스를 착용하세요. 그렇지 않으면 눈이 아플 것입니다.

même si + 직설법, 비록 ~지만

- Elisabeth est toujours souriante, même si elle a des problèmes.
  엘리자베뜨는 비록 문제가 있을지라도 늘 웃는 얼굴이다.

- Je dors toujours la fenêtre ouverte, même s'il fait très froid.
  나는 날씨가 추워도 창문을 열고 잔다.

연습문제

5 Imitez le modèle.
  a. Votre voiture tombe en panne, appelez le garage Toudou!
    → Si votre voiture tombe en panne, appelez le garage Toudou!
  ① Il n'y a plus de places au théâtre ce soir, on ira un autre jour.
  ② Vous n'avez pas d'argent liquide, payez avec votre carte de crédit !
  ③ Il y a des embouteillages, prenez le métro!

  b. Tu verras Sylvie, tu lui diras «bonjour» de ma part.
    → Si tu vois Sylvie, tu lui diras «bonjour» de ma part.
  ① J'irai au marché, j'achèterai des fruits et du fromage.
  ② Le cours n'aura pas lieu mardi, il sera reporté au vendredi.
  ③ On ne peut pas se garer dans le parking, on laissera la voiture dans la rue.

  정답 [보기]를 따라해 보시오.
  a. [보기] 차가 고장 나면 "뚜두" 정비센터에 전화하세요.
    ① S'il n'y a plus de places 오늘 저녁 극장에 자리가 없으면 다른 날 가자.
    ② Si vous n'avez pas d'argent liquide 현찰이 없으면 신용카드로 내세요.
    ③ S'il y a des embouteillages 교통체증이 있으면 지하철 타세요.
  b. [보기] 실비를 만나면 내 안부 전해다오.
    ① Si je vais au marché 시장에 가면 과일과 치즈를 살 것이다.
    ② Si le cours n'a pas lieu mardi 화요일에 수업이 없으면 금요일로 연기 된다.
    ③ Si on ne peut pas se garer dans le parking 주차장에 주차할 수 없으면 차를 길에 놓아두게 된다.

6 Donnez la bonne réponse habitude H ou possibilité P

① S'il neige en montagne, les voitures sont toujours équipées de pneus spéciaux.

② Si tu vas au Portugal, rapporte-moi deux ou trois bouteilles de porto!

③ Si je suis fatigué, je prends du ginseng.

> **정답** 다음은 습관 H인가 가능성 P인가?
> ① H 산에 눈이 오면 차에 특수타이어를 단다.
> ② P 포르투갈에 가면 포르토 와인 두 세 병 갖고 와라.
> ③ H 나는 피로하면 인삼을 먹는다.

7 Mettez le verbe entre parenthèses au temps et au mode convenables.

a.
① S'il (faire) très froid, on allumerait un feu dans la cheminée.
② S'il y avait du brouillard, les bateaux (rester) au port.
③ Si tu (être) français, pour quel parti politique voterais-tu?

b.
① Si Pierre (continuer) ses études, il serait devenu architecte.
② Si elle n'avait pas eu 40° de fièvre, elle (aller) travailler.
③ Si j'avais gagné au Loto, je (acheter) une moto.

> **정답** 괄호 안의 동사를 알맞은 시제와 법으로 써보시오.
> a.
> ① S'il faisait 날씨가 아주 추우면 벽난로에 불을 피울 것이다.
> ② resteraient 안개가 끼면 배들은 항구에 머문다.
> ③ étais 네가 프랑스인이면 어느 정당에 투표할거니?
> b.
> ① avait continué 삐에르가 공부를 계속했다면 그는 건축가가 되었을 것이다.
> ② serait allée 그녀가 열이 40도 나지 않았으면 출근했을 것이다.
> ③ j'aurais acheté 내가 로또에 당첨되었다면 이 오토바이를 샀을 것이다.

8 Complétez par «si» ou «même si».

① ... il fait froid, il faut mettre les plantes fragiles à l'abri.
  - On peut laisser les géraniums dehors, ... il fait froid.

② Adrienne aime beaucoup la mer. Elle se baigne ... l'eau est très froide.
  - Christian n'aime pas les bains de mer. Il se baigne seulement ... l'eau est à 25°.

> **정답** 《si》 또는 《même si》로 완성시키시오.
> ① S'il fait froid, même s'il fait froid
>   날씨가 추워지면 약한 식물들은 온실에 넣어야한다. 춥더라도 제라늄은 밖에 놓아둘 수 있다.
> ② même si l'eau, si l'eau est
>   아드리엔은 물이 차더라도 수영한다. 크리스티앙은 물이 25도 일 때만 수영한다.

9 Reliez les phrases avec «pour + infinitif» ou «pour que + subjonctif».

① Marc va faire un stage dans une banque. Il étudiera la gestion des comptes privés.
② Nous avons acheté un canapé et deux fauteuils. Notre salon sera plus agéable.
③ On a donné un médicament au malade. On calmera ses douleurs.

> 정답 ≪pour + 동사원형≫ 또는 ≪pour que + 접속법≫으로 문장을 연결하시오.
> ① dans une banque pour étudier la gestion.
>   개인구좌들의 경영을 공부하기 위해 은행에
> ② fauteuils pour que notre salon soit plus agréable.
>   우리 거실이 더 편안해 지기 위한 소파와 안락의자들
> ③ au malade pour calmer ses douleurs
>   환자에게 고통을 진정시키기 위해

DELF B1

10 Complétez le texte suivant avec les mots suivants : «pour, pour que, pourtant, malgré, quand même, si, sinon».

Aujourd'hui, les sacs deviennent fonctionnels. Les sacs classiques ... transporter des livres sont ... encore trop lourds pour les enfants ... leur matière plus légère. Un nouveau sac à dos essaie ... de trouver une solution. Il suffit de le tourner autour de soi ... il s'ouvre facilement. ... vous ne transportez pas de livres, vous pouvez acheter une poche tout simplement, qui se porte à la ceinture. ..., nous vous conseillons encore un sac qui se porte sur le côté, mais il faudra le porter ...!

> 정답 주어진 단어들로 문장을 완성시켜보시오.
> pour, pourtant, malgré, quand même, pour qu', Si, Sinon, quand même.
> 오늘날 가방은 기능적인 것이 되었다. 더 가벼운 재질을 쓰더라도 책을 나르는 전통적인 가방은 어린이들에게는 너무 무겁다. 아무튼 새로운 배낭형 가방이 해결책을 찾았다. 쉽게 열도록 자기 주변으로 돌리기만 하면 된다. 책을 나르지 않는다면 벨트에 거는 주머니만 하나 사면 된다. 그렇지 않다면 옆구리에 끼고 가는 백을 권하지만 어쨌든 들고 다녀야 한다.

22 비교

비교의 표현은 한 문장 안에서 두 개 또는 여러 개의 요소의 유사성이나 차이를 비교하는 말이다.

1 비교급

비교급에는 다음의 세 가지가 있다.

우등비교 → plus ... que　～보다 더 ～하다
열등비교 → moins ... que　～보다 덜 ～하다
동등비교 → aussi / autant ... que　～만큼 ～하다

> **주의** 비교의 표현은 《beaucoup》, 《bien》, 《un peu》와 같이 사용한다.
> L'exercice numéro 2 est beaucoup plus (훨씬 더) / bien plus (더욱 더) / un peu plus (약간 더) facile que l'exercice numéro 5.
> 연습문제 2번이 5번 보다 더 쉽다.

■ Plus ... que　～보다 더

비교 유형은 다음과 같다.

1 형용사 또는 부사 : plus + 형용사/부사 + que

- Jean mesure 1m 85. Pierre mesure 1m 80. 장은 키가 1미터85. 삐에르는 1미터 80이다.
  → Jean est plus grand que Pierre. 장이 삐에르보다 더 크다.

- En général, les femmes vivent plus longtemps que les hommes.
  일반적으로 여자들이 남자들보다 더 오래 산다.

2 명사 : plus de + 관사 없는 명사 + que

- À Marseille, il y a 1 100 000 habitants. A Bordeaux, il y en a 700 000.
  마르세유에는 110만 주민이 있다. 보르도에는 70만 주민이 있다.
  → À Marseille, il y a plus d'habitants qu'à Bordeaux.
  　마르세유에 보르도보다 많은 주민이 있다.

- Dans une orange, il y a plus de vitamine C que dans une poire.
  오렌지에는 배에 있는 것보다 많은 비타민 C가 있다.

3 동사 : 동사 + 《plus que》

- Les employés du magasin «Bonprix» travaillent 35h / semaine.
  봉프리 가게 직원들은 주 35시간 일한다.
- Les employés de la société «Avril» travaillent 32h / semaine.
  아브릴 사(社) 직원들은 주 32시간 일한다.
  → Les emplyés du magasin «Bonprix» travaillent plus que ceux de la société «Avril».
  봉프리 가게 직원들이 아브릴 사 직원들보다 더 일한다.
- Un bébé dort plus qu'un adulte.
  아기는 어른 보다 더 잠잔다.

주의 발음에 주의!
동사 뒤에 오는 plus에서 s는 발음하지 않는다.

Moins ... que ~보다 덜

1 형용사 또는 부사 : 《moins》 + 형용사 / 부사 + que

- Aujourd'hui, il fait 6°; hier, il faisait 0°.
  오늘은 6도, 어제는 0도였다.
  → Aujourd'hui, il fait moins froid qu'hier.
  오늘은 어제보다 덜 춥다.
- Je vois moins bien qu'avant. Il faut que je porte des lunettes.
  나는 이전보다 더 못 본다. 나는 안경을 착용해야 한다.

2 명사 : 《moins de》 + 관사 없는 명사 + que

- À Venise, il y a beaucoup de touristes en été. Il n'y en a pas beaucoup en hiver.
  베니스에 여름엔 많은 : 관광객이 있다. 겨울엔 관광객이 많지 않다.
  → À Venise en hiver, il y a moins de touristes qu'en été.
  베니스에는 겨울에 여름보다 적은 관광객이 있다.
- Les habitudes alimentaires des Français ont changé. Ils mangent moins de pain qu'avant.
  프랑스인들의 식습관이 변했다. 그들은 이전보다 적은 양의 빵을 먹는다.

3 동사 : 동사 + 《moins que》

▫ Hier, Pierre a fumé tout un paquet de cigarettes. Aujourd'hui, il en a fumé un demi paquet.
어제 삐에르는 담배 한 갑을 다 피웠다. 오늘은 반 갑을 피웠다.

→ Pierre a moins fumé aujourd'hui qu'hier.
삐에르는 어제보다 담배를 덜 피웠다.

▫ Maintenant, on s'écrit moins que dans le passé mais on se téléphone beaucoup plus.
지금, 사람들은 이전보다 편지는 덜 쓰지만 전화는 훨씬 많이 한다.

> **주의** Il a moins de l'argent que moi. (×)
> Il a moins d'argent que moi. (○)
> 그는 나보다 가진 돈이 적다.

《plus, mois, autant》은 흔히 《en》 대명사와 같이 사용된다.

▫ Est-ce qu'il y a autant de stations de ski dans les Pyrénées que dans les Alpes?
삐레네에 알프스 만큼의 스키장이 있나요?

Non, il y en a moins.
아니오, 스키장은 더 적습니다.

■ Aussi / Autant ... que ~만큼의

동등비교 유형은 다음과 같다.

1 형용사 또는 부사 : 《aussi》 + 형용사 / 부사 + que

▫ La piscine des Dupont et celle des Durand mesurent 12×6 m.
뒤뽕 가족 풀장과 뒤랑 가족 풀장은 12×6 미터 크기이다.

→ La piscine des Dupont est aussi grande que celle des Durand.
뒤뽕 가족 풀장은 뒤랑 가족 풀장만큼 크다.

▫ Il va au Gymnase club aussi souvent que moi.
그는 나만큼 자주 체육관에 간다.

2 명사 : 《autant de》 + 관사 없는 명사 + que

▫ J'ai trois frères, lui aussi.
나는 형제가 셋 있는데 그도 그렇다.

→ J'ai autant de frères que lui.
나는 그 사람만큼 형제가 있다.

□ Février n'a pas autant de jours que mars.
2월은 3월만큼 날짜가 있지 않다.

> **주의** Il a autant de l'argent que moi. (×)
> Il a autant d'argent que moi. (○)
> 그는 나만큼 돈을 갖고 있다.

3 동사 : 동사 + 《autant que》

□ Dans sa jeunesse, Picasso peignait beaucoup. A 80 ans aussi.
피카소는 젊은 시절에 많이 그렸다. 80세에도 마찬가지였다.

→ À 80 ans, Picasso peignait autant que dans sa jeunesse.
80세에, 피카소는 젊은 시절만큼 그림을 그렸다.

□ Aujourd'hui, le vent souffle autant qu'hier.
오늘, 어제만큼 바람이 분다.

비교 내용을 정리해보자.

	형용사/부사와 함께	명사와 함께	동사와 함께
우등비교	plus	plus de	plus
열등비교	moins	moins de	moins
동등비교	aussi ... que	autant de ... que	autant que

■ Le même
La même + 명사 (+ que)
Les mêmes

~와 같은 [명사]

□ Sophie est née le même jour et la même année que moi, donc nous avons le même âge.
소피와 나는 같은 날 같은 해에 태어났고 우리는 동갑이다.

□ Un vélo et une bicyclette, c'est la même chose.
vélo(저전거)와 bicyclette(자전거)는 같은 말이다.

■ Comme ~처럼

□ Maria a les cheveux roux comme son père.
마리아는 자기 아버지처럼 머리카락이 적갈색이다.

□ Comme tous les enfants, le petit Jérémie adore les frites avec du ketchup.
모든 어린이처럼 꼬마 제레미는 케첩과 함께 감자튀김을 아주 좋아한다.

□ **Ces deux frères se ressemblent comme deux gouttes d'eau!**
  이 두 형제는 물방울 두 개처럼 닮았다.

> **주의** 비교의 문장에서 que와 comme 다음에 강세형 대명사 moi, toi, lui, elle, nous, vous, eux를 사용한다.
> **Il est plus grand que toi.** 그가 너보다 크다.
> **Nous avons la même voiture qu'eux.** 우리는 그들과 같은 차를 갖고 있다.
> **Olivier ressemble beaucoup à son père et il parle comme lui.**
> 올리비에는 그의 아버지를 많이 닮았고 그처럼 말한다.

연습문제

1 Complétez les phrases par «plus ... que» / «moins ... que».
  ① Le climat de la Norvège est ... froid ... celui de l'Espagne.
  ② Il y a ... de pollution à la campagne ... dans les villes.
  ③ Sur une petite route, on roule ... vite ... sur une autoroute.

  > **정답** 《plus ... que》 / 《moins ... que》로 문장을 완성시키시오.
  > ① plus froid que 노르웨이의 기후는 스페인 기후보다 춥다.
  > ② moins de pollution à la campagne que 시골은 도시보다 공해가 적다.
  > ③ moins vite que. 작은 도로에서는 고속도로보다 천천히 달린다.

2 Complétez les phrases par «aussi ... que» / «autant ... que».
  ① Monsieur Durand est à la retraite, mais il est ... actif ... avant.
  ② Cette année à Chamonix, il a ... neigé ... l'année dernière.
  ③ Paola parle français ... bien ... les Français.

  > **정답** 《aussi ... que》 / 《autant ... que》로 문장을 완성시키시오.
  > ① aussi actif qu'avant 뒤랑 씨는 은퇴했지만 이전보다 더 활동적이다.
  > ② autant neigé que 금년에 샤모니에는 작년만큼 눈이 왔다.
  > ③ aussi bien que 빠올라는 프랑스인들처럼 프랑스어를 잘 한다.

3 Réécrivez les phrases selon le modèle.
  Ex. Claire et Thomas ont la même voiture. ➔ Claire a la même voiture que Thomas.
  ① Eva et Chris ont le même professeur de gymnastique.
  ② Sabine et Edouard ont regardé la même émission de télé.
  ③ Mon amie et moi, nous avons acheté les mêmes chaussures.

  > **정답** [보기]와 같이 다시 써보시오.
  > [보기] 끌레르와 또마는 같은 차를 갖고 있다. → 끌레르는 또마와 같은 차를 갖고 있다.
  > ① Éva a le même professeur de gymnastique que Chris.
  >   에바는 크리스와 같은 체육 선생님을 갖고 있다.
  > ② Sabine a regardé la même émission de télé qu'Édouard.
  >   사빈은 에두아르와 같은 TV프로그램을 보았다.
  > ③ Mon amie a acheté les mêmes chaussures que moi.
  >   내 친구는 나와 같은 신발을 샀다.

2 최상급

최상급은 정관사 + 우등/ 열등의 표현으로 만든다.

■ Le
La plus / moins + 형용사 / 부사
Les

형용사	부사
Le plus grand La plus grande 제일 큰 Le moins grand La moins grande 제일 작은 Les plus grands Les plus grandes 제일 큰 Les moins grands Les moins grandes 제일 작은	(성·수에 불변화) Le plus vite 가장 빠른 Le moins vite 가장 느린

□ Les Durand ont trois filles. C'est Sarah la plus jolie.
  뒤랑 가족은 딸이 셋 있다. 사라가 제일 예쁘다.

□ Dans votre pays, quel est l'acteur le plus connu?
  당신 나라에서 제일 유명한 배우는 누구인가요?

□ Commence par ces exercices : ce sont les moins difficiles !
  이 연습문제로 시작하세요 : 가장 덜 어렵습니다.

최상급의 보어(~ 가운데에서)는 de가 이끈다.

□ Le Pont Neuf est le plus vieux pont de Paris.
  뽕뇌프가 빠리에서 제일 오래 된 다리다.

□ La partie la plus ancienne du Louvre date du roi Philippe-Auguste.
  루브르에서 제일 오래 된 부분은 필립 오귀스트 왕 때로 거슬러 올라간다.

  주의 C'est la plus longue rue dans la ville. (×)
  C'est la plus longue rue de la ville. (○)
  이 도시에서 가장 긴 길이다.

■ Le plus / Le moins de + 관사 없는 명사

□ Où est-ce qu'il y a le plus de soleil en France? Sur la côte d'Azur.
  프랑스에서 햇살이 제일 많은 곳은 ? 꼬뜨다쥐르입니다.

□ Dans la dictée, c'est John qui a fait le moins de fautes.
  받아쓰기에서 존이 제일 적은 오류를 범했다.

> **연습문제**

4 Donnez des conseils en utilisant «le / la / les plus» ou «le / la / les moins».
① Tu veux un téléphone portable. Prends celui-là, c'est ... léger et ... cher.
② Tu n'es pas habitué aux fromages. Goûte celui-là, c'est ... fort.
③ Ne mangez pas cette pêche c'est ... mûre.

정답 《le / la / les plus》 또는 《le / la / les moins》를 이용해 조언을 하시오.
① **le plus léger et le moins cher** 휴대폰 원하는구나. 저걸로 해라. 제일 가볍고 제일 싸다.
② **le mois fort** 너는 치즈에 익숙하지 않구나. 저걸 먹어봐라. 맛이 제일 약하다.
③ **la moins mûre.** 이 복숭아 먹지마라. 제일 덜 익었다.

3 bon과 bien의 비교급과 최상급

형용사 bon과 부사 bien은 다음과 같은 비교급, 최상급의 형태를 갖는다.

		비교급	최상급
형용사	bon(s) 좋은 bonne(s)	meilleur(s) meilleure(s)	le(s) meilleur(s) la meilleure, les meilleures
부사	bien 잘	mieux	le mieux

▫ Toutes ces glaces sont bonnes mais je trouve que les glaces au café sont **meilleures** que les glaces à la vanille.
모든 아이스크림은 훌륭하지만 커피 아이스크림이 바닐라 아이스크림보다 낫다.

▫ Venir en France, c'est **la meilleure** façon d'apprendre le français.
프랑스에 오는 것이 프랑스어를 배우는 최상의 방법이다.

▫ Aujourd'hui, le malade va bien. Il va **mieux** que la semaine dernière.
오늘, 환자는 상태가 좋다. 지난 주 보다 좋아졌다.

▫ Le rouge est la couleur qui me va **le mieux**.
빨간색이 내게 제일 잘 어울리는 색이다.

▫ Ce médicament peut faire mal à l'estomac. **C'est mieux** de le prendre au cours des repas.
이 약은 위를 상하게 할 수 있다. 식사 중에 먹는 것이 더 낫다.

▫ Vous avez fait beaucoup de progrès. Vous parlez et vous écrivez **de mieux en mieux**.
당신은 많이 발전했습니다. 말하고 쓰는 것이 점점 좋아집니다.

 Il chante meilleur que moi. (×)
Il chante <u>mieux que</u> moi. (○)
그가 나보다 노래를 잘 한다.

C'est meilleur de prendre cette route. (×)
C'est <u>mieux de</u> prenre cette route. (○)
이 길을 따라가는 것이 더 낫다.

연습문제

5 Complétez par «bonne/meilleure» ou par «bien / mieux».
① Cette pâtisserie est très ... . Elle est ... que la pâtisserie de mon quartier.
② Suzanne joue ... de la guitare. Elle joue ... que sa soeur.
③ Marie a une ... note en mathématiques. Elle a eu une ... note que d'habitude.

정답 《bonne / meilleure》 또는 《bien / mieux》로 완성시키시오.
① bonne , meilleure 이 제과점은 아주 훌륭하다. 우리 동네 제과점 보다 낫다.
② bien , mieux 쉬잔은 기타 연주를 잘 한다. 그의 자매보다 더 잘 한다.
③ bonne , meilleure 마리는 수학 성적이 좋다. 평소보다 좋은 성적을 받았다.

6 Imitez le modèle.
Ex. Julie a 24 ans. Alice a 21 ans.
➜ Alice est plus jeune que Julie. Julie est plus âgée qu'Alice.
① Hier, Jacques est rentré à 18 h. Aujourd'hui, il est rentré à 20 heures.
② Les Américains boivent beaucoup de coca-cola. Les Français en boivent peu.
③ Henri fait souvent du roller. Moi aussi.

정답 [보기]를 따라해 보시오.
[보기] 쥴리는 24세, 알리스는 21세이다. → 알리스가 쥴리 보다 젊다. 쥴리가 알리스 보다 더 나이가 많다.
① Il est rentré plus tard qu'hier.
   그는 어제보다 더 늦게 돌아왔다.
② Les Français boivent moins de coca-cola que les Amériains.
   프랑스인들은 미국인보다 적은 양의 코카콜라를 마신다.
③ Henri fait du roller aussi souvent que moi
   앙리는 나처럼 롤러스케이트를 자주 탄다.

7 Complétez les phrases avec les mots suivants : «plus ... que, moins, moins ... que, comme, aussi ... que, autant ... que, le(s) même(s) ... que».
① Émilie ne porte jamais ... vêtements ... sa soeur jumelle.
② Adrien travaille ... sa mère dans l'informatique.
③ La tortue avance ... vite ... le lièvre.

정답 다음 단어들로 문장을 완성시켜보시오.
① les mêmes vêtements que 에밀리는 쌍둥이 자매와 절대로 같은 옷들을 입지 않는다.
② comme sa mère 아드리엥은 자기 어머니처럼 컴퓨터 분야에서 일한다.
③ plus vite que 거북이는 산토끼 보다 빨리 앞선다.

DELF B2

8 Vous êtes responsable du personnel d'une entreprise; vous devez choisir une secrétaire. Vous avez rencontré deux personnes. Faites votre choix et écrivez une note à votre directrice pour le justifier.

Faites des comparaisons en utilisant le tableau.

	Chantal Morin	Janine Gaubert
Âge	32 ans	38 ans
Expérience	9 ans	9 ans
Formation	Excellente formation pratique	Formation technique
Maîtrise des langues	Bilingue (père américain)	Assez bonne maîtrise de l'anglais
Disponibilité	Célibataire	Mariée, deux enfants
Comportement	Bon sens des relations humaines	Dynamique, mais autoritaire

Madame la directrice,
J'ai choisi ... , elle est plus ... . Elle a autant ...
Sa formation est ...
Elle parle ...
Elle est ...
Elle a / elle est ...

> 정답 당신은 기업의 인사책임자로 비서를 한명 선택해야합니다. 두 사람을 면담했습니다. 선택을 해서 평가를 사장에게 하며 사유를 밝혀보시오.
>
> Madame la directrice,
>
> J'ai choisi Chantal Morin, elle est plus jeune que Janine Gaubert. Elle a autant d'expérience qu'elle.
> Sa formation est meilleure que celle de Madame Gaubert.
> Elle parle mieux anglais qu'elle.
> Elle est sûrement plus disponible qu'elle.
> Elle a vraisemblablement un meilleur sens des relations humaines que Janine Gaubert.
>
> 사장님께
> 저는 샹딸 모랭을 선택했는데 자닌 고베르 보다 더 젊습니다. 그리고 같은 경력을 갖고 있습니다.
> 학력도 마담 고베르 보다 좋습니다.
> 영어도 더 잘합니다.
> 분명히 더 능력이 있을 것입니다.
> 자닌 고베르 보다 인간관계에 대한 감각도 나아보입니다.

memo

memo

memo